エニアグラム

― 性格と本質 ―

中嶋 真澄

ENNEAGRAM

英智舎

はじめに

本書でご紹介するエニアグラムは、古代の賢人たちの知恵と、現代心理学や精神医学の成果が結びついた古くて新しい人間学です。エニアグラムの人間学は、プラトンや新プラトン派といった古代ギリシャの思想から、ユダヤ教のカバラ、原始キリスト教、イスラム神秘主義のスーフィーの教えに通じるものがあり、また、インドのヒンズー教や、仏教、道教といった東洋的な思想とも相通じる、人間についての深い洞察の上に成り立っています。

エニアグラムでは、人の性格は９つの基本タイプに分類され、それぞれの感情の動きや考え方の傾向、物事に対する反応の仕方などが体系的にとらえられます。

もっとも、エニアグラムの本来の目的は、単に人をその性格傾向からタイプ分けするというものではなく、精神的な自己成長を目指すものであり、性格の囚われからの解放へと向かうものです。

性格のタイプを入り口に、自己の内面に分け入っていくことによって、個人の生き方の中で繰り返し現れるパターンや、何がその人の人生で葛藤を生じさせる原因になっているのか、何がその人にとってよりよい人生を送るための妨げとなっているのかといったことが明らかになっていきます。

性格（パーソナリティ）とは「自我」と呼んでもいいのですが、エニアグラムでは自我の持つパターンをタイプとしてとらえます。どのタイプの傾向が強いかを自覚すれば、そこから、これまで意識の上にのぼっていなかった恐れや欲求に気づき、それがどこからくるのか、またその恐れや欲求にどのように対処していけばいいのかといったことが分かるようになってきます。エニアグラムのタイプを知ることは、より深い自己理解につながっていきます。同時に、これまで自分でも気づかずに眠っていた隠れた才能や可能性を開花させるきっかけになっていきます。

そして、本来わたしたちの中に備わっている〝本質〟が浮かび上がってきます。この本質（英語ではTrue NatureとかEssenceと呼ばれるもの）は、心理的なレベルでは語りきれない、わたしたちのスピリチュアリティ、すなわち〝霊性〟と関連するものです。

その意味でエニアグラムの本来の目的は、精神的な自己成長とわたしたちがより高次の意識レベルに達するための、いわば意識の覚醒を目指すところにあります。

エニアグラムを学ぶことによって得られる気づき（アウェアネス）は、わたしたち一人ひとりの生き方に質的な変化をもたらし、より幸福な人生への道筋を照らし出してくれるものです。

初期のエニアグラムの教師たちは、古代にさかのぼる知恵の源泉を求め、すでにその知恵に精通している人から学び、自らその学びを深め、人々に教え伝えてきたわけです。また何らかのグループを作り、自己観察やワークと呼ばれるような気づきのための取り組みを行ってきています。そこから汲み上げられた知恵の一端でも、本書でご紹介できればと思っています。

目次

はじめに　3

第1章　エニアグラムとは何か

筆者とエニアグラムとの出会い　14／エニアグラムの来歴　21／
オスカー・イチャーソと、性格構造を解き明かすエニアグラム　25／
クラウディオ・ナランホとエニアグラム　27／エニアグラムの普及　29

第2章　性格の類型と性格類型論としてのエニアグラム――性格とは何か

性格の類型――人をタイプに分ける試み　34／エニアグラムの性格類型　43／
9つのタイプとその特徴について　45

第3章　自分のタイプを見つける――誰もが把握しやすい性格の違いについて

対人態度から見た性格の違い　60／トラブル時の反応から見た性格の違い　66／
9タイプの内面の動き――統合の方向と分裂の方向　72／
根源的恐れと欲求から見た性格のメカニズム　88／
根源的な恐れとは、自我の死に対する恐れ　93／感情の囚われ（パッション）について　96／
コラム　エニアグラムと砂漠の修道士　115／プロティノスの「一者」の流出説　117

第4章　本能・感情・思考――3つのセンターの機能

各センターの機能とタイプ別の特徴　124／センターの機能が適切に働かない場合　137
コラム　グルジェフと第4の道　150

第5章　性格の健全度について

性格と人格　156／健全度の諸段階　158／健全度のレベルが上下するメカニズム　161／
母親像・父親像に対する愛着パターン　167

第6章　性格タイプのバリエーション

ウイングのサブタイプ　184／18のサブタイプについての呼び名　186／
自己保存・性的・社会的――3つの本能と性格　188

第7章　9つのタイプについての考察

性格＝自我の構造について　196
〔タイプ1〕超自我がもっとも発達した人々　198
ウイングのサブタイプ　200／**本能のバリエーション**　201
コラム　怒りという感情の奥にあるもの――NHKドラマ『こもりびと』より　203

〔タイプ2〕愛と関心を与え求める人々　207
ウイングのサブタイプ　209／本能のバリエーション　210
コラム　サンタクロースになろうとした子どもたち　212
〔タイプ3〕価値ある自分であろうとする人々　215
ウイングのサブタイプ　217／本能のバリエーション　219
コラム　真の価値とは何なのか？　221／ブドウ園の労働者と人間の価値について　223
〔タイプ4〕思春期から青春期の自我を持ち続ける人々　226
ウイングのサブタイプ　229／本能のバリエーション　230
コラム　芸術家とメランコリー気質について　232／それでも人生には意味がある　235
〔タイプ5〕内面の思考の世界に生きる人々　239
ウイングのサブタイプ　244／本能のバリエーション　245
コラム　この世界は残酷だ！　248
〔タイプ6〕脳内会議を開く人々　251
ウイングのサブタイプ　254／本能のバリエーション　255
コラム　与えられたものをどう用いるか――タイプ6とタラントの譬え　257

〔タイプ7〕もっともポジティブで楽観的な人々 261
ウイングのサブタイプ 264／本能のバリエーション 265
コラム 使命の予感——アシジの聖フランチェスコと清貧 267
〔タイプ8〕エネルギッシュでアグレッシブな人々 273
ウイングのサブタイプ 276／本能のバリエーション 277
コラム 怒りと無邪気さと「復讐自我」 279
〔タイプ9〕ゆっくりゆったりマイペースな人々 282
ウイングのサブタイプ 285／本能のバリエーション 286
コラム つながりと真の心の平和は、瞬間瞬間にある 287

第8章 性格から本質へ——固着と聖なるアイデア

思考の囚われとは何か？ 292／各タイプの固着と聖なるアイデア 297／性格から本質へ 312

補遺　インタビュー記事「クラウディオ・ナランホをめぐって」　314

あとがき　340

お知らせ　344

第1章
エニアグラムとは何か

筆者とエニアグラムとの出会い

エニアグラムとの出会いについて、筆者の個人的なことから少しお話しさせてください。

１９９０年代半ばの年の瀬も押し詰まったころのこと。わたしは渋谷の大盛堂書店の人文系の書棚の前に立っていました。

当時の大盛堂書店は、通《つう》もうなる専門書の品揃えで有名な本屋さんでした。店員のレベルはとても高く、各階でどんな専門書について尋ねても、タイトルか著者名を言えば、ときにはうろ覚えでも、どの棚にあるかすぐに案内してくれたものです。

いまと違って当時は本を買うのはもっぱら書店でという時代でした。とくに目的がなくても、書店に行けば何かが見つかるという期待がありました。現代のようにウェブで検索して本を買うときは、探しているものがあってそれを見つけるか、その周辺のものしか目に入りにくいですが、書店の棚をめぐっていると、自分が目的とするものとは違った未知の出会いが待っている可能性もあったのです。

少し、郷愁めいたものを感じながらこの本を書いていますが、あのころ、書店に行くことは知の冒険でもあり、新しい出会いのための入り口に立つことでもあったわけです。

そしてまさに、その日、わたしが出会ったのは、それ以前には見たことも聞いたこともなかったもので、しかもそれがこの本を書いている現在、わたし自身のライフワークとなったものだったのです。

当時、筆者はフリーランスのライターとして、主に月刊誌に記事を書いていました。あるとき、隔週発行の求人情報誌の編集者から、転職希望者が自己診断できるような企画があるが、やってみないかという打診を受けました。わたしにその連載の話が来たのは、もともと一般読者向けに心理学やメンタルヘルス系の記事を書くことが多かったからです。

その連載記事が始まった当初は、これまでにも増して心理学の本を読み漁り、専門の先生のところにインタビューに出かけ、監修をお願いしたりもしました。当時からわたしがもっとも興味を持っていたのは、人の性格傾向や性格類型のほか、とくに「自己実現」に関するもので、マズローの人間性の心理学などでした。求人情報誌の連載記事は、やがて当時の編集担当者の仲介で単行本になりました。心理学の先生に監修をお願いし、著者名を出させていただきました。

その本がきっかけで、雑誌の特集記事などで自己診断テストを制作する仕事の依頼が増えるようになりました。当初、わたしは自分が心理学の専門家ではないので、あまりその仕事には乗り気ではありませんでしたが、編集者が求めているもの、また、読者が期待しているものは、アカデミックな心理学ではなく、楽しみながら自分が分かる、といったエンターテインメント性の高い「自己診断テスト」や「心理ゲーム」のようなものだったのです。

ライターとしての仕事では、常に必要な資料を探していましたが、それと同時に、依頼を受ける一般向け診断について、仕事の依頼が増えるにつれ、自分は何を根拠にそれが制作できるのか、自分の中の知識が足りないと実感し、切実にその足りない何かを埋めるものを求めていました。

けれども、いったい何を学べばいいのか、心理学の領域を探してはみたけれど見つからない。学生時代の専攻が哲学であったことからも、わたしは心理学よりはともすると哲学書のほうに興味を惹かれました。正直なところ、心理学そのものには、それほど魅力を感じていなかったのです。そのような時期に、わたしはまだ出会っていなかった「何か」を探しに書店に行ったわけです。

そのころ、書店の本棚には心理学と哲学の間、またはその近隣に「精神世界」というコーナーが設けられていました。当初、「精神世界」というジャンルは、超常現象やオカルト現象との関連が深かったように思いますが、アメリカのニューエイジブームの影響で、いわゆるスピリチュアル系の本が並ぶようになっていきました。

ちょうど、哲学と心理学、精神世界という並びの、精神世界にやや近いあたりだったでしょうか、そこにわたしの興味を惹くタイトルの、その本はありました。

『性格のタイプ』原題："Personality Types"

手に取ると、タイトル通り人の性格タイプについて書かれた本らしいが、円形の図が描かれていて、それが「エニアグラム」と呼ばれるものであるらしい。ドン・リチャード・リソという著者名は、それまで聞いたことがありませんでした。

「これが探し求めていたものだ」という予感と同時に、いったいこの本の著者とその内容が信頼に足るものなのかどうか、判断できませんでした。迷ったあげく、その本を本棚に戻し、書店を引き上げることにしました。

しかし、そのあとも気になり続け、翌日、再び大盛堂書店に行き、その本を買い求めました。書店はその年の最終営業日で、帰り際、通りに面した書店のシャッターはすでに半分下りていました。

年末から新年にかけて、わたしはその本に没頭しました。本を読んで感じたのは、「この本の中にわたしがいる！」という驚きでした。

リソの本に出会って、わたしにはエニアグラムの性格タイプが、これまでのどんな心理学の教科書に書かれていた性格についての理論や研究よりも、リアリティがあるように感じられました。生きた人間の内面がそこに映し出されていました。

わたしはエニアグラムについてもっと知りたいと思うようになりました。そこで、翻訳のあとがきにあった、エニアグラムの普及活動をしているという団体を訪ねてみることにしました。その団体を通して、『性格のタイプ』の著者であるドン・リチャード・リソ先生が来日されることを知り、直接エニアグラムを学び、トレーニングを受ける機会を得られるようになったことは、最大の幸運でした。

リソ先生は同僚のラス・ハドソン先生とともに来日し、都内でのセミナーや山中湖の研修センター、のちには伊豆での５日間の宿泊トレーニングを開催していました。１９９０年代の終わりごろから２０１０年ごろまで、ほぼ毎年来日され、わたしもそのチャンスを逃さずに毎年のようにトレーニングコースに参加しました。最初のころの山中湖での研修所での５日間の宿泊トレーニングでは、リソ＆ハドソンのエニアグラムの懐の深さに触れ、同時に自分自身が抱えていた内面の奥深くにある問題と人生のテーマに気づくきっかけとなりました。とくにリソ先生の一人ひとりの受講者に向ける共感的なまなざしと受容的な態度は、他では経験したことのないものでした。この時、エニアグラムワークはいかなる価値判断もせずに個々人を受け入れ、心の癒しと解放をもたらし、未来へと向かわせてくれるものだということを実感し、それがわたしの人生にとって決定的なものとなったのでした。

残念なことに、リソ先生は２０１２年に逝去されました。ラス・ハドソン先生はその後もリソ先生のワークを受け継ぎ、精力的な活動をしておられます。

本書で扱うエニアグラムは、主にリソ＆ハドソンから直接学んだ内容を踏襲しています。しかし、その解釈は筆者なりに咀嚼し、当初、エニアグラムをともに学ぶ先輩や仲間と始めた、エニアグラムアソシエイツの活動に参加してくださった方々とのセッションや分かち合いを通じて深め合い、吟味してきたものです。

エニアグラムの「性格」は、英語ではpersonality（パーソナリティ）という語が用いられています。エニアグラム研究者の間では、９つの性格タイプの本質にあるものは、おそらくは生まれ持ったものであろうと考えられています。

個人は本来、生まれ持ったもの（本質）があり、その生まれ持った本質の上に、性格が形成され発達していきます。成長していく過程で、その性格の上に親や養育者、周りの環境や文化などの影響によって、刷り込まれていくものがあります。自分の外の価値観が内面化されていくことがあります。個人はその内面化されたものを、それが本来の自分であるかのように思い込んでしまうこともあります。

そこで、いざ自分のタイプを探し始めると、自分がどのタイプか分からず迷ってしまう場合があるわけです。そのため、人によっては、エニアグラムで、自分のタイプを見つけるまでに半年、1年、またそれ以上に時間がかかる場合もあるのです。

わたし自身、リソの『性格のタイプ』と出会い、「この本の中に自分がいる！」という直感を得たにもかかわらず、自分のタイプについての十分な理解に行き着くまでには、約半年の集中的な自己探求の時間を必要としました。

当初、ライターとしての仕事のために、新しい情報を得ようとしていた、それが自分自身に納得させていた理由だったのですが、意識下では自分自身の生き方に迷い、つまずき、方向性を見失い、その先どう生きていけばいいのか、悶々としていた時期でもあったのです。

筆者だけではなく、多くの人がそういった時期に、エニアグラムのような自己探求のためのツールと出会います。

エニアグラムの性格（パーソナリティ）は「自我（ego）」と言い換えることもできます。「超自我」と呼ばれるものも自我の一部です。わたしたちは、成長していく過程で、外の価値観を「超自我」として取り込んでいることがあります。

先ほど、「生まれ持ったもの（本質）」という表現をしましたが、エニアグラムの性格＝自我は、より正確に言えば、「生まれ持った本質の上に成り立つ性格」です。

わたしたちは成長していく過程のどこかでその「本質」を見失ってしまったと考えられています。この「本質」については、心理学の範疇を超えた、わたしたちの魂と関連する、いわばスピリチュアル（霊性的）な領域に入っていくところなのです。

わたしたちは本質そのものをすぐに理解することはできません。けれども、性格（自我）は、本質を映し出しているものであり、性格のタイプを理解することが本質とは何なのかを知る手掛かりになります。本質とのつながりは失われたかもしれないけれど、本質そのものは失われていないということです。

そこで、本質とのつながりを回復することが、自己探求の目的となっていきます。そういう意味で、エニアグラムが指し示しているのは、わたしたちが本来の自分自身へと至る道であり、エニアグラムは自分自身へと至る道の道しるべなのです。

エニアグラムの来歴

わたしが『性格のタイプ』に出会ったころ、エニアグラムはイスラム教のスーフィー派と

〈エニアグラム図〉

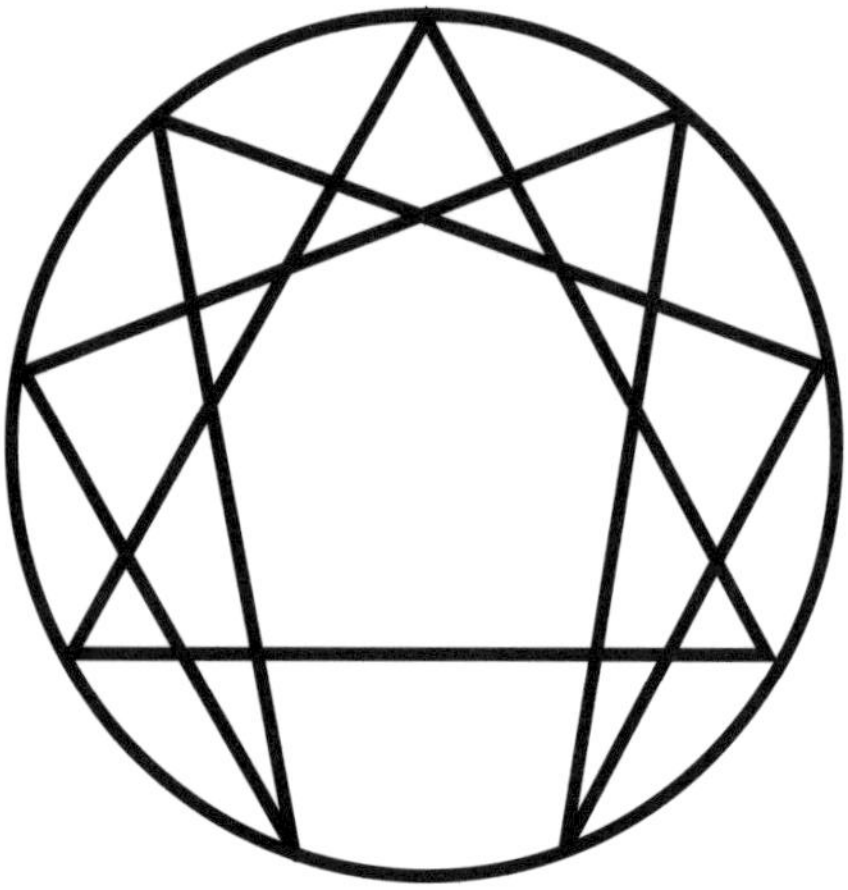

いう神秘主義的な教団において、門外不出の口伝として伝えられてきたという説が流布していました。

しかし、この説は奇妙でした。門外不出の口伝なら、なぜそれが一般の人々にまで伝わってしまったのか。実際のところ、それを裏付ける証拠は示されていませんでした。

本書でご紹介するエニアグラムが、アメリカで広く知られるようになったのは１９７０年代のことです。リソの本が日本で精神世界の棚の近くに並んでいたことからも分かるように、エニアグラムは明らかに１９６０年代以降アメリカで巻き起こったニューエイジブームの流れの中で、〝門外不出の口伝〟といった、いささか神秘めかした出自をにおわせることで、人々に着目されるようになったものだといえるでしょう。

エニアグラムとは、もともとこの図（右ページ）を指しています。

この図は20世紀初頭、コーカサス地方出身のゲオルギー・イヴァーノビッチ・グルジェフという思想家によって発見されたということです。グルジェフは１８６５年から１８７０年ごろの生まれで、若いときから自分は誰か、なぜここにいるのか、人生の本当の意味とは何かということに疑問を持ち、真理を求める探求者のスクールを作っていました。そこには当時の著名なジャーナリストなども参加していました。

グルジェフは、人間には可能な精神的発展の道があり、その道についての教えはすでに失われてしまっているが、古代エジプトやシュメール文明など、文明の発祥地にその知恵があったと考えていたようです。彼は現代では失われてしまった（と考えられる）その知恵の源泉を求めて、アジアや中近東、アフリカの奥地を探索しました。当時の旅は文字通り命がけで、グルジェフは旅の途中で友人を失うなどの経験をしながら、おそらくはアフガニスタンの奥地の古い修道院で、このエニアグラム図を発見したと伝えられています。

グルジェフ以前には、この図は歴史上のどの時代、どの場所においても見当たらないため、正確なルーツは分かっていません。

〈エニアグラムの来歴図〉

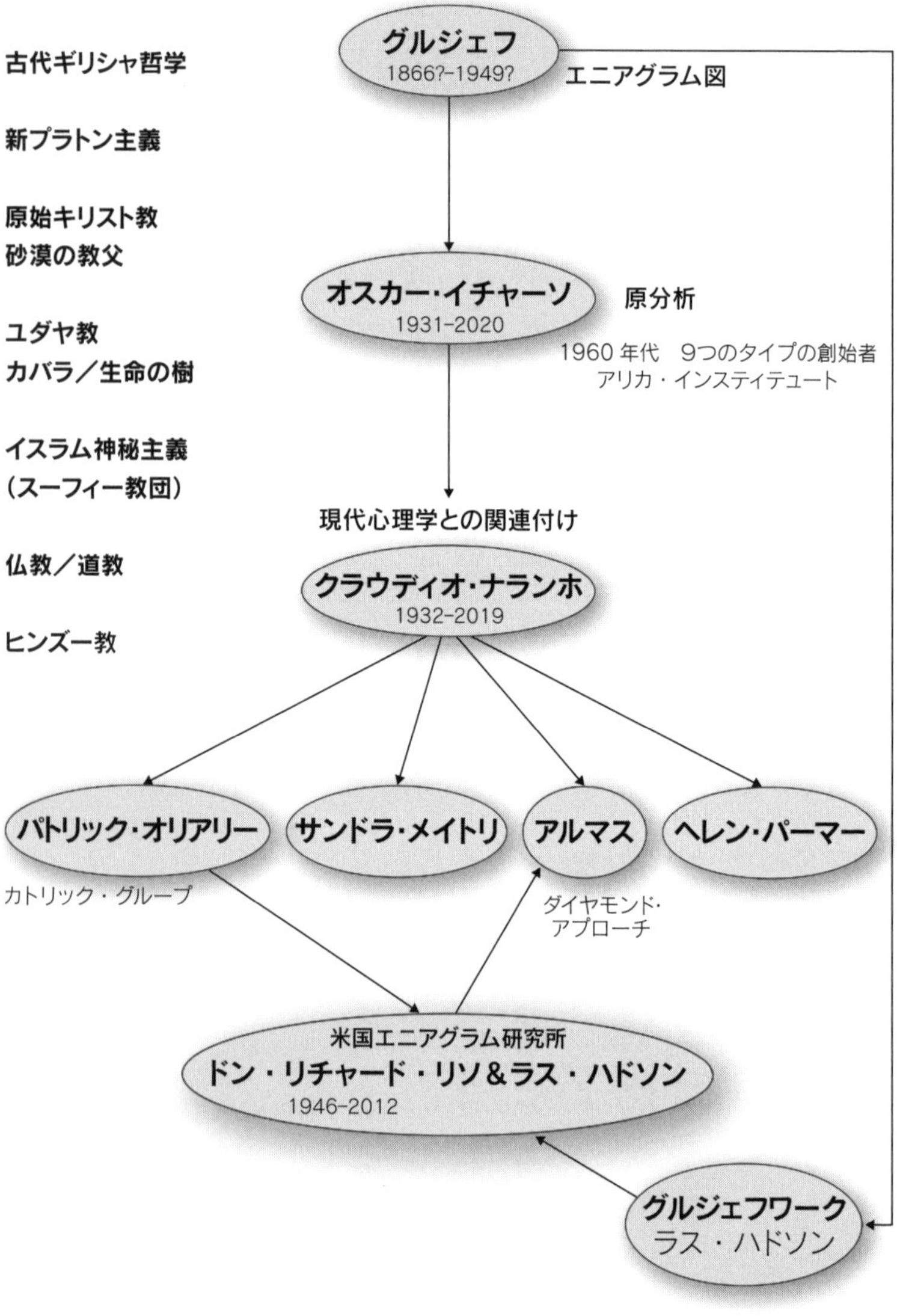
古代ギリシャ哲学
新プラトン主義
原始キリスト教
砂漠の教父
ユダヤ教
カバラ／生命の樹
イスラム神秘主義
（スーフィー教団）
仏教／道教
ヒンズー教
グルジェフ
1866?–1949?
エニアグラム図
オスカー・イチャーソ
1931–2020
原分析
1960 年代　9つのタイプの創始者
アリカ・インスティテュート
現代心理学との関連付け
クラウディオ・ナランホ
1932–2019
パトリック・オリアリー
カトリック・グループ
サンドラ・メイトリ
アルマス
ダイヤモンド・
アプローチ
ヘレン・パーマー
米国エニアグラム研究所
ドン・リチャード・リソ＆ラス・ハドソン
1946–2012
グルジェフワーク
ラス・ハドソン

歴史上残されているシンボル図形の中でエニアグラム図ともっとも関連が深いとされているのが、ユダヤ教の神秘思想カバラの生命の樹で、エニアグラム研究家の間では何らかの関連はあるだろうと考えられています。

グルジェフは東方教会の伝統を汲むキリスト教徒で、初期のキリスト教（原始キリスト教）の教えにも精通していたようです。また、７世紀に起こったイスラム教の中でも厳しい修行を行うスーフィー教団の神秘思想にも通じていた人物です。スーフィーの口伝説は、グルジエフによって伝えられたエニアグラムの中にスーフィーの教えが入っていたため、後の人々によってささやかれるようになったのかもしれません。

グルジェフは、エニアグラム図を用いて独特の宇宙論や音階についての理論を展開していますが、本書のテーマからは外れるのでここでは触れません。

本書のテーマに関して、グルジェフとの関連で重要なのは、後ほど取り上げる思考・感情・本能といった３つの精神機能の働きと「第４の道」についての教え（第４章コラム）です。

オスカー・イチャーソと、性格構造を解き明かすエニアグラム

現在、知られているような性格タイプのエニアグラムの創始者は、南米ボリビア生まれの

神秘思想家オスカー・イチャーソ（１９３１～２０２０）という人物です。１９６０年代、イチャーソはチリの砂漠にあったアリカ研究所で、人間のスピリチュアリティ（霊性）に関する実践的なトレーニングを行っていました。

イチャーソはグルジェフが西欧社会にもたらしたエニアグラム図を用いて、人間の陥りやすい感情的な傾向を９つに分類しました。彼はそれを「エニアゴン」と呼び、自らが原分析（プロトアナルシス）と名付けた手法を用いて分析し、「感情の囚われ（passion）」「美徳（virtue）」「固着（fixation）」「聖なる考え（holy idea）」の４つの側面から、人間の霊性と結びつく性格構造を分析しました。イチャーソの思想の中には、グルジェフからきているものがあり、現在では、イチャーソはグルジェフと同じ源泉から汲み上げられた知恵の伝統に触れていたと考えられています。

イチャーソは南米チリのアリカ研究所で、自らの天才的なひらめきをもとにしたこの画期的なシステムについて人々に教え始めました。それは何らかの意識の変容をもたらすようなトレーニングだったようです。イチャーソのもとには、うわさを聞きつけた北米の著名な科学者や心理学者らが訪れています。

イチャーソから直接教えを受けた人物の中にクラウディオ・ナランホ（１９３２～２０１９）がいました。ナランホはイチャーソから受けたチリでの実践的ワークの中で、何らかの霊性的な変容がもたらされるような体験をしたようです。

クラウディオ・ナランホとエニアグラム

ナランホは現代心理学、精神医学の専門家で、神秘思想や東洋の禅などにも深い関心を寄せていた人物です。ナランホがイチャーソのトレーニングに参加したのは、単なる学術的探求心からだけではなく、個人的な体験から霊的危機に直面するような実存的問題を抱えていたときだったようです。

ナランホは当初、イチャーソの直接の弟子として教えを受けていましたが、北米に戻ってからは、自ら真理の探究を目的とするスクール（SAT = Seeker After Truth）を開き、その中でエニアグラムについての勉強会を開催しています。

エニアグラムと現代心理学・精神医学との接点は、クラウディオ・ナランホによってもたらされたわけです。ナランホは著書『性格と神経症（邦題）』“Character and Neurosis: An Integrative View”の中で、彼自身の心理学や精神医学についての豊富な知識と臨床体験に基づいて、エニアグラムの9つの性格タイプを他の性格類型論や精神医学の理論と比較しながら考察を行っています。

ナランホは、そのころ心理学の分野での性格研究の主流となってきていた性格の特性論よりも、類型論のほうが経験的にきわめて妥当であるという見解を示しています。一般に心理学者の間では、類型論は科学的ではないという批判がありますが、ナランホは因子分析という方法を用いて、性格の特性を明らかにしようとした英国のハンス・アイゼンクや米国のレイモンド・キャテルの論文も研究していました。だからこそ、「類型論のほうが経験的にきわめて妥当だ」というナランホの見解には、説得力があります。

ナランホのもとでエニアグラムを学んだ人々には、イエズス会の司祭職の人々や著名なエニアグラム教師ヘレン・パーマーの他、ダイヤモンドアプローチを主宰するハミード・アリ（アルマス）、サンドラ・メイトリらがいました。

イエズス会の司祭職にある人々は、カトリックグループと呼ばれています。イエズス会はイグナチオ・ロヨラが創立したカトリックの修道会のひとつです。イグナチオ・ロヨラは、祈りと瞑想を中心とした霊的修行法を考案し、『霊操』という本を書いています。

日本で初めてエニアグラムに関する書籍の翻訳が出たのは１９８７年のことです。Ｐ・Ｈ・オリアリー、Ｍ・ビーシング、Ｒ・Ｊ・ノゴセック著／堀口委希子・鈴木秀子訳『エニアグラム入門（邦題）』春秋社（原書は“THE ENNEAGRAM: A Journey of Self-Discovery”）です。

この本はイエズス会士による共著で、キリスト教的霊性が色濃く反映され、カトリックグループのエニアグラム解釈の特徴がよく表れています。イエズス会では、エニアグラムが霊的黙想指導に用いられていたようです。

　しかし、ナランホ自身は、カトリックグループのエニアグラム解釈については、批判的なところがあったようです。「感情の囚われ（パッション）」は、キリスト教の7つの大罪と呼ばれるものと合致するところがあります。イエズス会の黙想指導では、罪の傾向を強調するところがあり、そうすると特定の宗教的枠組みにおいて説明することになるからです。イチャーソもナランホもそのことに対しては否定的で、彼らは宗教という言葉を使わず、スピリチュアリティという言葉を用いています。スピリチュアリティとは、いかなる宗派をも超えるものであり、あらゆる宗教の根底に流れているものであって、そこから宗教が生まれるようなものを指しています。

エニアグラムの普及

『性格のタイプ』の著者ドン・リチャード・リソは、おそらくはカトリックグループのエニアグラムに接したであろう人物です。彼はもともとイエズス会士で、のちにエニアグラムの研究と普及に生涯をかけた人物です。

リソは特定の宗教の枠を超えたところで、広く人々に伝えていくことを使命とし、エニアグラム・インスティテュートを創設しました。そして、ラス・ハドソンとともに、エニアグラムの研究と体系化を行い、米国のみならずヨーロッパや日本を含めたアジアでも、精力的にセミナーやトレーニングを行ってきました。

ラス・ハドソンは、グルジェフワークの出身だと語っており、リソ＆ハドソンのエニアグラムの中には、ラス・ハドソンから伝えられるグルジェフの思想も反映されています。

リソ＆ハドソンは世界各地でエニアグラムワークやトレーニングを行い、日本や中国、韓国にも彼らから直接エニアグラムを学んだ生徒がたくさんいます。その人たちの中には、ビジネスパーソン、作家・ライター、心理カウンセラー、セラピスト、ケースワーカー、その他さまざまな職業の人がいます。

話は戻りますが、当初、ナランホが参加者に伝えた内容に関しては、外に漏らさないようにという約束だったらしいのですが、その内容があまりにも画期的なものであったためか、人々の間で評判になり、広く知られるようになるまでにそれほど時間はかかりませんでした。

１９７０年代になると、アメリカでは一般の人々の間にも急速に広まり、個人の自己探求のためのツールとして関心を持つ人が増え、さらにビジネス分野でもリーダーシップやチーム育成、顧客対応のために有効な理論として、有名企業などでも社内研修などに取り入れられるようになってきました。

日本におけるエニアグラムの普及にもっとも貢献されたのは『エニアグラム入門』の訳者の一人でカトリックのシスターでもある鈴木秀子聖心女子大学教授（当時）です。１９９７年に鈴木先生が一般向けに書かれた『９つの性格』はベストセラーとなり、エニアグラムが広く知られるようになりました。

本書ではエニアグラムを体系的にとらえ、性格と本質について探っていくことをテーマにしており、理論面では筆者が直接指導を受けることができたリソ＆ハドソンの理論を踏襲しています。また、ナランホのもとでエニアグラムを学んだアルマスやサンドラ・メイトリらの著書や彼らが話した内容を参考に、筆者なりの解釈を下している部分があることをお断りしておきます。

第2章

性格の類型と性格類型論としてのエニアグラム

――性格とは何か

性格の類型——人をタイプに分ける試み

エニアグラムのセミナーやワークショップに初めて参加された方の中から、よくこういう質問を受けます。

「人はみな個性を持っているのに、タイプに分けるなんていうことができるのですか？」

筆者が２０００年から18年間続けて担当した短大寮生の春季セミナーでも、毎年のように学生から同様の質問を受けていました。

その問いからは、人をタイプに分けるということについて、何となく〝嫌な感じ〟を持つ人がいて、心理的な抵抗感が引き起こされるということが分かります。

そこで、人をタイプに分類するということについて、わたし自身の思うところを語っておきたいと思います。

生物でも無機物においても、何かを理解しようとするとき、それについてのたくさんの事例やサンプルを集め、似ているものとそうでないものとを分け、比較してみるということが行われます。物事の理解のはじめは、分類することにあります。

そして、人を類型化してとらえることは、「人間とは何か？」を理解するための事のはじめです。

アメリカの心理学者ウイリアム・ジェームズは次のように述べています。

「理知が対象をあつかう第一の方法は、その対象を他の対象といっしょにして分類することである。しかし、わたしたちにとって限りなく重要であって、しかもわたしたちに畏敬の念をよびさますような対象は、何によらず、特殊なもの、独自なものでなければならぬような感じをわたしたちにも抱かせるのである。蟹だって、わたしたちが有無をいわせず無造作に、甲殻類として分類しているのを聞くことができたら、おそらく侮辱された気がして怒りだすことであろう。『おれはそんなものじゃない』、『おれはおれ自身なのだ、ただひとりのおれ自身なのだ』、と蟹は言うことであろう」（ウィリアム・ジェイムズ著、桝田啓三郎訳『宗教的経験の諸相』日本教文社）。

ガレノスの４類型

人の性格をいくつかのタイプに分類し、理解しようとする試みは、古代ギリシャの時代から行われてきました。医学の始祖ヒポクラテスは、人間の体液は「血液」「粘液」「黒胆汁」「黄胆汁」からなるとしました。これは万物の根源（アルケー）は火・土・水・空気の４つからなるとしたエンペドクレスの四元素説の影響を受けています。ヒポクラテスはマクロコスモスとミクロコスモス、つまり宇宙と人間には緊密な相関関係があると考えたのです。

紀元2世紀、ローマ帝国時代に活躍したギリシャの医学者ガレノスは、ヒポクラテスから受け継いだ四体液説を気質の類型に発展させました。ガレノスの4類型は、長く西欧社会に影響を与えてきました。

中世後期にアラビアから伝わった占星術の影響を受けて、星座と性格に関連があると考えるようになった人々もいます。

〈体液と気質の関係：ガレノスによる4類型〉

血液　：春　熱・湿………多血質：楽天的
粘液　：冬　冷・湿………粘液質：鈍重
黄胆汁：夏　熱・乾………黄胆汁質：短気
黒胆汁：秋　冷・乾………黒胆汁質：陰鬱

四体液説のひとつ「黒胆汁質」のタイプは土星と結びつけられ、メランコリーの気質と考えられました。メランコリー気質のいちばんの特徴は、憂鬱になりふさぎ込む状態で、ガレノスの時代には病的なものと考えられていました。

15世紀の画家デューラーは、黒胆汁のメランコリー気質は、芸術家の創造性と関係があるとしました。メランコリー気質は、のちに紹介するエニアグラムタイプ４の気質と重なる部分があります。あなたがエニアグラムタイプ４か、またはタイプ４的な世界観に惹かれる人であれば、「メランコリー」という言葉自体が魅力的な響きを持っていることでしょう。

クレッチマーの３類型

ガレノスの影響は近代にまでおよび、次に着目すべき類型論が出たのは、二十世紀になってからのことで、ドイツの医学者エルンスト・クレッチマー（１８８８〜１９６４）による３類型です。クレッチマーは、体格と気質の関係に着目し、性格の３類型を導き出しました。やせ型・肥満型・筋肉質型のそれぞれに、分裂気質・躁鬱気質・粘着気質が対応します。

〈クレッチマーの３類型〉

やせ型：分裂気質：物静か・非社交的
肥満型：循環気質：社交的・温厚　明るいが時に落ち込む
闘士型：粘着気質：頑固、融通が利かない、時に爆発的に興奮

※やせ型は四肢が細長く、胴周りが薄い。脂肪のつきにくい体型。肥満型は体全体に脂肪がつきやすく、柔らかい体つき。太りやすい体質ではあるが、必ずしも太ってはいない。闘士型は筋肉質で、四肢や胴周りの肉づきがよく、硬く引き締まっている。
「分裂気質」というのは、かつて精神分裂病と呼ばれた統合失調症の病前性格、「循環気質」は「そううつ気質」、「粘着気質」は「てんかん気質」と名付けられていました。

エニアグラムのタイプでは、クレッチマーの記述と対応させると、すべてに該当するわけではありませんが、やせ型は思考センター、肥満型は感情センター、闘士型は本能センターのタイプと一部重なるところがあります。

シェルドンの３類型

アメリカの心理学者ウィリアム・シェルドン（１８９９〜１９７７）は、クレッチマーの影響を受け、内肺葉・外肺葉・中胚葉型という３つの類型を発表しています。シェルドンは、クレッチマーの類型に飽き足らず、独自の体質心理学の立場で、一般の人々の身体の生理学的特質と行動心理学の関係から、３つのタイプを導き出したということですが、これはクレッチマーの３類型ともほぼ一致しています。

〈シェルドンの３類型〉

内肺葉型：（内臓緊張型）社交的で生活を楽しむ …… 消化器官がよく発達
中胚葉型：（身体緊張型）積極的で大胆な …… 筋骨がよく発達
外肺葉型：（頭脳緊張型）非社交的で生理的に過敏な …… 皮膚と神経系がよく発達

※シェルドンの研究は、人間の気質の３つの領域は胎児の最初の細胞の３つの層に由来する身体構造に密接に関連しているという考えに基づいています。内肺葉型はクレッチマーの循環気質、中胚葉型は粘着気質、外肺葉型は分裂気質に対応します。

エニアグラムの９タイプは、異なる角度から共通の傾向に焦点を当てることによって、さまざまな３つ組みに分類されます。

クレッチマーやシェルドンの３類型にやや近いものとしては、エニアグラムでは、のちにご紹介するグルジェフの思想とも関連するセンターの３つ組みがあります。もっとも、センターの３つ組みは、当初クレッチマーが名付けたような精神病理の意味合いはありません。

ユングの類型論

次に着目すべきは、スイスの心理学者カール・グスタフ・ユング（１８７５〜１９６１）の『タイプ論』です。ユングは『心理的諸タイプ』“Psychologishe Typen”を出版（１９２１年初版）。これは『タイプ論』というタイトルでみすず書房から出版されています。その中で、ユングは「人間心理には、多くの個々の差異のほかにタイプの違いもある」と述べています。

ユングが内向型・外向型と名付けた２つのタイプがあります。内向性・外向性は一般にもよく知られた言葉で、「自分は内向的な性格だから」とか、「あの人は外向的な性格の人」というふうに用いられています。

ユングによれば、内向型・外向型の違いは、内向型は関心の向きが客体から離れて主体へ向かうのに対して、外向型は関心の向きが客体へと向かうということです。

両者ではエネルギーの向きが違っています。ユングの考えでは、人はみな内向・外向の２つのメカニズムを備えているが、たいていどちらかに偏っているのであり、相対的に優位な方がタイプとしてとらえられるということです。

ユングは、この２つのタイプは個々の心理的な機能によってもさらに分類されると考え、

「思考」「感情」「感覚」「直観」の４つの精神機能を挙げました。彼は内向型・外向型という尺度に加え、この思考・感情・感覚・直観の４つの精神機能の違いから、８つの類型を導き出しました。これらの機能のひとつが習慣的に優位になると、それに対応したタイプが成立することになります。

ユングのタイプ論を発展させたのが、アメリカのマイヤーズとブリックスで、１９６２年にＭＢＴＩ（Myers-Briggs Type Indicator）が開発されています。これは最終的に16の性格に分類されるものとなっています。

エニアグラムの９タイプは、ユングの８類型に重なるところもありますが、そうでないところもあります。ＭＢＴＩとエニアグラムのタイプに関しても、重なる部分はあるが、そうでない部分もあると言わざるを得ません。もともと、類型化のもとになっている指標が違っているのですから、ぴったり一致するはずもなく、エニアグラムへの理解を深めるためには、あえて自己診断などで両者を比較することにはそれほど意味があるとも思えません。

考え方として、エニアグラムの基本にあるのは常に３つ組みの考え方です。両極、または対立軸で見るのではなく、3の法則ないしは、弁証法的（ダイアレクティック）なとらえ方になります。それがエニアグラムを他の類型論とは違って大きく特徴づけるところとなっています。エニアグラム図の上に配置された9つのタイプが、ダイナミックな動きをもって現れてくるのが分かります。

しかし、ユングの内向・外向のとらえ方は、エニアグラムのタイプの特徴を見ていく場合にも大いに役に立ちます。ユングによれば、「どんな人間も純粋に内向的、純粋に外向的ではなく、内向型にあっては外向性が心のどこか奥のほうに未発達の状態で眠っており、外向型にあっては内向性が未発達の状態で眠っている」ということです。内向型の外向性と外向型の内向性の出方は違っているということですが、エニアグラムではそれがもっとダイナミックな内的動きとしてとらえられています。

ユングの『タイプ論』における内向・外向の定義を踏まえた上で、エニアグラム図の内側の線の結びつきによって示される各タイプの内面の動きを見ていくと、それぞれのタイプの心の動きがよりイメージしやすくなるでしょう。

エニアグラムの性格類型

９つのタイプは図の上に配置される

エニアグラムでは、人の性格は９つの基本タイプに分類されます。９つのタイプは次ページに示した図の上に配置され、各タイプはタイプ１、タイプ２、タイプ３……というふうに数字で呼ばれます。さらにそれぞれのタイプの特徴を表す呼び名が付けられています。その呼び名はいろいろあるのですが、本書ではなるべくニュートラルな表現になるよう、次のようなネーミングに統一しました。ニュートラルな表現というのは、あるタイプにはこういう才能があるとか、こういう職業の人が多いといった印象を与えたくないということです。

例えば、タイプ４は芸術家タイプと呼ばれることがありますが、芸術家はタイプ４に限らずどのタイプにもいます。タイプ５は考える人とか、学者タイプと呼ばれることがありますが、誰でも考えているし、学者はどのタイプにも存在します。９つのタイプの人はどこの世界や社会にもいるはずです。

〈９つの性格タイプ〉

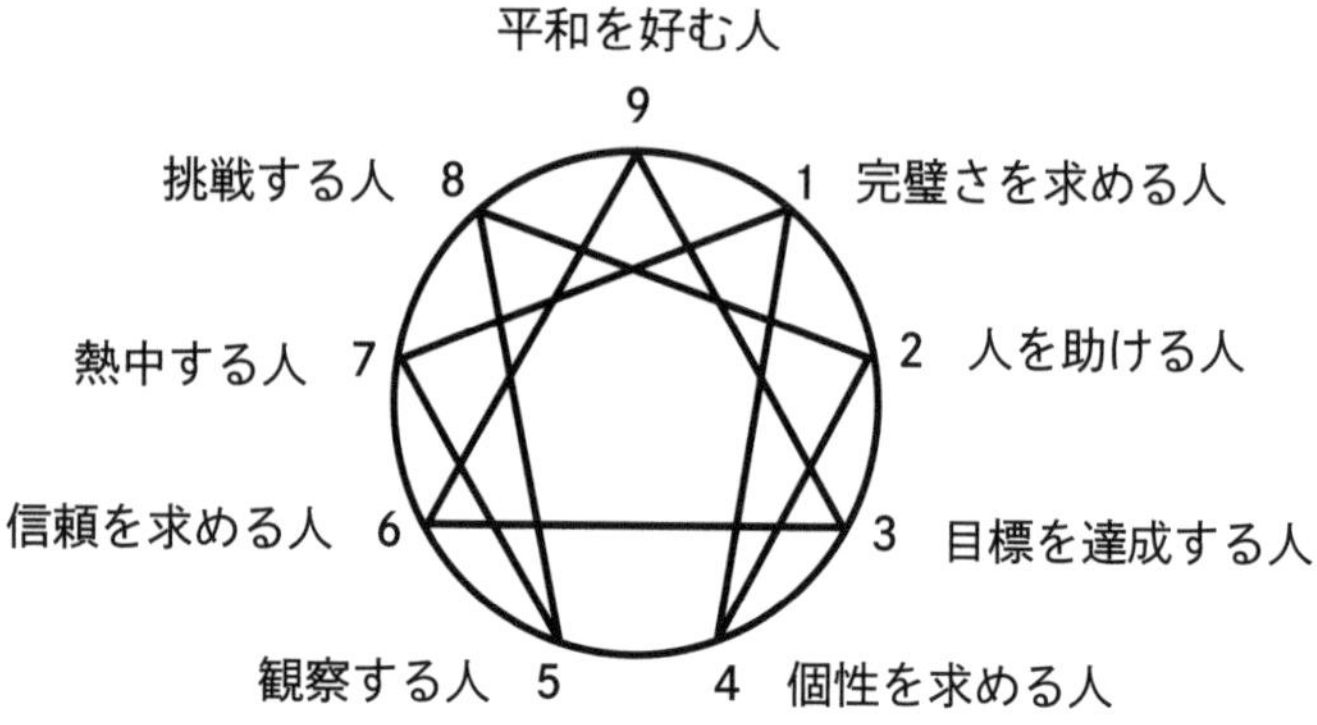

【タイプ1】完璧さを求める人
【タイプ2】人を助ける人
【タイプ3】目標を達成する人
【タイプ4】個性を求める人
【タイプ5】観察する人
【タイプ6】信頼を求める人
【タイプ7】熱中する人
【タイプ8】挑戦する人
【タイプ9】平和を好む人

エニアグラムの性格類型が他の性格類型と大きく異なるのは、各タイプがこの図の上に配置され、それぞれの位置関係や内側の線のつながりなどによって、相互の関連や各タイプの内的な動きが表現されているところです。

９つのタイプとその特徴について

前節で９タイプの呼び名をご紹介しましたが、ここからはさらに各タイプの基本性格について、その特徴と、一般的に性格の長所と見なされやすい点・短所と見なされやすい点を挙げていきます。

もっとも、性格の長所・短所というのは、表と裏のような関係ではなく、それがどんなときにどのような出方をするかによって長所とも短所ともなり得るし、また本人にとっては強みとも弱みともなり得るものです。

ここでは、各タイプについて、本書で統一している呼び名とそれ以外の呼び名も加え、各タイプの基本性格をポジティブな面とネガティブな面にまとめてみました。

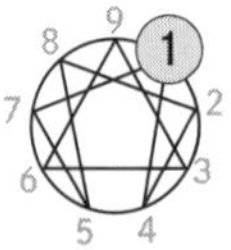

〔タイプ1〕完璧さを求める人・完全さを求める人・改革する人

ポジティブな面

理想が高い・まじめ・責任感が強い・自分に厳しい・努力家・正義感が強い・自分の意見を持つ・主義主張がある・几帳面・友情に厚い

向上心があり、忍耐強く、いつも一生懸命な努力家。良識をわきまえ、社会のルールや決まりを守る。やるべきことは手を抜かず、最後まで完璧にやり遂げようとする。物事を正しいか正しくないかで判断し、自分は正しいことをしようとする。誰に対しても平等公平に接しようとする。世の中を良くしていくために、自分から人の先頭に立って働くこともある。社会を改革し、改善していく力を持つ。

ネガティブな面

批判的・人を褒めない・不満が多い・自分の意見を押し付ける・説教調・頑固で融通が利かない・過去のことを蒸し返す・言い訳をする・くどい・許さない

何事に対しても完全さを求めるため、現実に対して不平不満を抱きやすい。自分のしたことについては「あれでよかったか」といつまでもくよくよ悩む。他人の欠点が目につきやすく、人に対して批判的になりがち。現状に満足せず、文句や愚痴が多い。怒りを溜めていて、イライラしがちで、なかなかリラックスできないことがある。

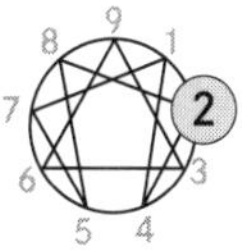

〔タイプ2〕人を助ける人・人のために尽くす人・愛情深い人

ポジティブな面

親切・やさしい・気配りができる・思いやりがある・親身になる・人のためによく働く・人の立場に立てる・弱者に同情的・気前がいい・自己犠牲的

どんな人でも受け入れられるやさしさを持つ。気持ちの触れ合いを大切にし、一人ひとりの人と親密な関係を保とうとする。相手の気持ちに共感的に寄り添うことができる。人をもてなす。自分のことより他人のことを優先し、人のために働く。弱者への目配りができ、世の中の恵まれない人々やハンディキャップを背負った人々のために、ボランティア（奉仕）精神を発揮して、労力を惜しまず働くことができる。

ネガティブな面

おせっかい・恩着せがましい・べたべたとまとわりつく・人に媚びる・おべっかを使う・プライバシーに踏み込みすぎる・いい人ぶっている・人の噂話をよくする・独占欲が強い・自分を買いかぶる

親切の押し売りが多く、頼まれもしないことを買って出る。人に対して「してあげている」という意識を抱きがち。愛情面での所有欲が強く、親密な関係を持ちたい相手に対して、べたべたとまとわりつく。自分が愛されたいために、人に取り入り、人に媚びる。自分が人に「してあげたこと」に対して、ひそかに感謝を求めている。

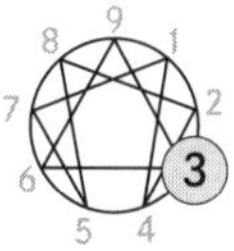

〔タイプ3〕目標を達成する人・成功を求める人・ステータスを求める人

ポジティブな面

実際的・行動的・テキパキしている・効率的・目標を達成する・魅力的・企画力がある・説得力がある・仕事熱心・人をやる気にさせる

自分の能力や魅力、実績が認められることに強い関心を抱き、有能で魅力的といった肯定的な自己イメージに合わせて、常に最高の自分を出しきろうとする。目標達成能力があり、現実での成功を勝ち取る。状況に応じて臨機応変の態度が取れる。積極的に自分やチームを売り込むことができる。人をやる気にさせ、自分が中心となって、グループやチームを引っ張っていくことができる。

ネガティブな面

見栄っ張り・目的のために手段を選ばず・ごまかしがある・人を値踏みする・過剰な競争心を抱く・自分をひけらかす・ライバルの足を引っ張る・物質的でブランド志

向・自分を偽る・自慢話が多い

他人と比べて、常に自分が優位に立とうとする。場合によっては、目的のために手段を選ばず、自分を有利にするための方策を練る。虚栄心が強く、自分を実際以上によく見せようとする一方、人を値踏みする。経済力や学歴、地位、肩書、ブランドなどにこだわり、物質的なものの価値を人の価値と取り違える。

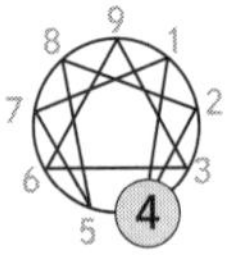

【タイプ4】個性を求める人・感情を味わう人・人との違いを求める人

ポジティブな面

情緒的・感情表現が豊か・感受性が強い・想像力が豊か・内面を味わう・繊細さがある・良い趣味を持つ・独自の表現力を持つ・美的なものを愛する・常識にとらわれない

情緒的なものを好み、細かな感情の機微を理解する能力を持っている。何気ない風景やありふれた日常の中にも、新鮮な感動を見出す。やさしく思いやりがあり、人の気持ちに共感し寄り添うことができる。いくつになっても、思春期の少年少女のようなみずみずしい感性を持ち続けている。芸術的なものや美的なものを味わい鑑賞し、洗練されたものを好む。自分自身の内面にあるものをユニークな形で表現しようとする。

ネガティブな面

気まぐれ・気取っている・自意識過剰・自分を特別視・自己陶酔的・他人を俗物視する・主観的過ぎる・感情的で芝居がかっている・気分が落ち込みやすい・人を妬む

あらゆることを個人的に受け止める。ものの見方が主観的になりがち。好き嫌いの感情だけで人や物事を判断する傾向がある。その時々の気分や感情に左右されやすい。自己陶酔的で、自意識過剰な面がある。気分が落ち込むと自分の中に引きこもり、暗く陰うつになる。自分にない才能を持つ人などを妬む。

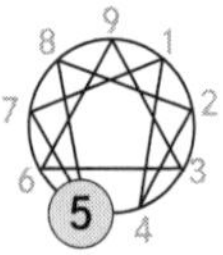

〔タイプ5〕観察する人・考える人・冷静で思慮深い人

ポジティブな面

思慮深い・冷静・客観的・知的・観察力が鋭い・集中力がある・研究熱心・粘り強い・思考力を持つ・先入観や偏見を持たない・革新的な発想をする

自分が興味を持った分野の事柄をとことん追求していく。純粋に知的な好奇心に突き動かされて、物事の本質を知ろうとする。情報を集めて知識を習得する。その場の状況や物事をよく観察し、自分の主観や先入観にまどわされず、冷静で客観的な判断を下すことができる。物事を筋道立てて考え、起こり得る事態を予測することができる。その一方、誰も考えつかなかったような奇抜なアイデアや革新的な発想をもたらすこともある。

ネガティブな面

冷淡・不親切・無感動・理屈っぽく頭でっかち・行動力や実行力に欠ける・人付き合いが悪い・気が利かない・やることに時間がかかる・ものや情報を溜め込む・けちくさい

何事も頭で考え、頭で納得しようとするため、理屈っぽく、行動力に欠ける。感情的に冷淡なところがあり、他人の気持ちを理解せず、自分の気持ちや感情を表現するのも苦手。人から離れて自分の頭の中にあるバーチャルな世界に引きこもる傾向がある。物事を始めるまでの準備に時間がかかりすぎる。情報のインプットはするが、アウトプットをしない。

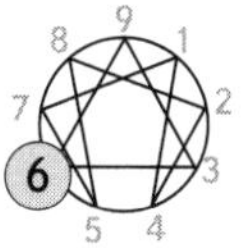

〔タイプ6〕信頼を求める人・忠実な人・安心安全を求める人

ポジティブな面

誠実・義務を果たす・協調性がある・帰属意識が強い・常識的・ルールを守る・礼儀正しい・慎重かつ大胆・勇気がある・仲間を大切にする

周囲の期待に応え、自分の役割や仕事を忠実にこなそうとする。家族や友人・仲間を大切にする。自分が所属する組織や団体の一員としての誇りを持ち、その組織や団体のためによく働く。尊敬できる師や人生の導き手を求め、よりどころとなる信念や信条に従って行動する。自分の立場と相手との関係にふさわしい態度を取ろうとする。何事にも慎重で、注意深く、行動に移る前に安全かどうかを確認する。その一方で、いざというときには、誰よりも勇敢に行動することがある。

ネガティブな面

臆病で気が小さい・不安に駆られやすい・緊張しやすい・杓子定規で融通が利かない・優柔不断・裏表がある・身内意識が強い・従順であると同時に反抗的・疑い深い・自分に自信が持てない

規則やルールにとらわれ、杓子定規に物事を処理する。自分の意見や考えを持たず、自分が所属している組織の価値観やカリスマ的な人物の教えなど、自分の外にある権威に従う傾向がある。不安に駆られると物事をどんどん悪いほうに考え、自ら恐れていたことを引き起こすこともある。異なる価値観を持つ人々や異質なものを受け入れにくい。

〔タイプ7〕熱中する人・冒険する人・楽天的な人

ポジティブな面

明るい・前向き・活動的・頭の回転が速い・好奇心旺盛・アイデア豊富・熱中しやすい・社交的・誰とでも友達になれる・人を楽しませる

楽天的で、いつも前向き。好奇心旺盛で、興味を持ったことは何でもやってみようとする。誰とでもこだわりなく付き合え、出会った人とはすぐ友達になれる。どんなときにも希望を失わず、人生を楽しむ能力を持っている。自分が楽しむだけではなく、場の雰囲気を盛り上げ、周囲の人を楽しませる。抵抗なく新しいものを受け入れ、物事に熱中しやすい。いろんなアイデアを思いつき、同時にいくつものことをできる器用さを持つ。

ネガティブな面

落ち着きがない・忍耐力や持続力に欠ける・無責任・自分勝手・飽きっぽい・衝動的・消費や浪費に走りやすい・嫌なことを避けて通る・人のせいにする・欲張り

熱しやすく冷めやすい。物事が長続きしない。欲しいものと必要なものの区別がつきにくく、欲しいと思うとすぐ手に入れたくなり、衝動買いや浪費に走りやすい。嫌なこと、つらいことは避けて通ろうとする。都合の悪いことには目を向けず、人や状況のせいにしたり、責任逃れをすることがある。人間関係は広く浅くになりがち。

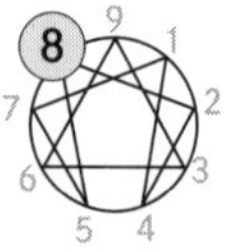

〔タイプ8〕挑戦する人・統率する人・自分の力で突き進む人

意志が強い・チャレンジ精神がある・決断力がある・率直・度量が大きい・エネルギッシュ・人を動かす・統率力がある・少数派の味方になれる・逆境に強い

ポジティブな面

こうと決めたことはやり遂げるだけの行動力とエネルギーがある。やりたいことにはリスクをものともせずに挑戦する。むしろ、リスクが大きいほどやりがいを感じる。逆境に強く、サバイバル能力がある。裏表がなく率直で、他人の嘘や偽善を見抜く。強い者には反抗しても、自分より弱い者は守ろうとする。人に頼られると放っておけない親分肌、姉御肌。全体を見通して場を仕切り、人を動かす力があり、しばしばリーダー的な存在となり得る。

ネガティブな面

気が短い・挑発的・けんか腰・反抗的・思慮に欠ける・協調性に欠ける・はっきりものを言い過ぎる・ルールを無視する・発想が短絡的・強引で力づく

人に対して敵対的な構えを持つ。最初からけんか腰で、相手を挑発したり、強引で、命令的になり得る。ルールや約束事を無視し、何でも自分の思い通りに、力まかせにやろうとする。すぐに結果を求める。思ったことをずばずば口にし、場の雰囲気をぶち壊しにしたり、人の心を傷つけることがある。人に力を振るうために、お金や権力を手に入れたがる。

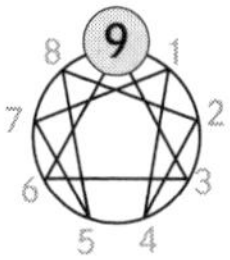

〔タイプ9〕平和を好む人・平和を作り出す人・平穏無事を好む人

ポジティブな面

温和で落ち着きがある・マイペース・のんびりしている・人を受け入れる・自然体・

素朴・平和的・底力がある・安定している・誰の味方にもなれる

どんなときにも焦らず慌てず、ゆったりと構えている。その場をなごませ、人をほっとさせるような独特の雰囲気を持つ。自分が落ち着いているだけでなく、周りの人を落ち着かせる。どんな人をも受け入れることができ、もめごとの調停役や仲介者になれる。また、じっくりと人の話を聞けるのでよき相談役にもなれる。ふだんはあまり自分から動こうとしないが、いったん本気で何かを始めると、長期間持続し、スケールの大きいことをやり遂げる。

ネガティブな面

ぼうっとしている・やる気に欠ける・上の空・イエスノーがはっきりしない・惰性で動く・人のいいなりになる・自分を過小評価する・鈍感・頑固・面倒くさがる

エネルギーの出し惜しみをする。ぼんやり空想に浸っているようなことが多く、人の言うことや周りのことに無関心なことがある。やるべきことがあってもなかなか腰を上げようとしない。人間関係は波風が立たないよう、あっちでもこっちでもいい返事をし、ときに人の言いなりになることもある。「ノー」と言えない。機嫌を損ねると頑固になり、テコでも動かない。

第3章

自分のタイプを見つける

——誰もが把握しやすい性格の違いについて

対人態度から見た性格の違い

エニアグラムのタイプ判定は、どのようにすればよいでしょうか？　本書を読み進めていただくことで、チェックテストなどを使わずに、読者のあなたが自分のタイプを発見できるよう、この章では9つのタイプを、ある側面において共通する3つのグループに分けながら解説していきます。実際に、筆者が学生セミナーや一般の方々を対象としたワークショップなどでも、ご紹介してきた方法です。

人と接するときに、あるいは人の中にいて、どのような態度をとるか。それを「対人態度」と言いますが、9つのタイプは、対人態度の特徴から見た3つの共通グループに分類することができます。

ドイツの精神分析医で新フロイト派のカレン・ホーナイは、神経症の臨床的研究から、他者に対する指向性もしくは対人態度に関して、3つの傾向があることを見出しています。

「人々のほうに動く」＝依存的、「人々に対して動く」＝攻撃的、「人々から遠ざかる」＝

離反的の3つです。

これは神経症ではない一般の人々にもある程度当てはまり、性格的な健全さという意味においては、そのどれかに極端に偏るのではなく、バランスよく統合されていることが必要であるとされています。

リソ&ハドソンのエニアグラムでは、ナランホがすでに言及していたホーナイの理論から、9つのタイプを対人態度における共通の傾向を持つ3つのグループに分類しています。

人に対する態度には、次の3つの傾向があります。

A 積極的に関わっていこうとする ＝ 自己主張的
B 周りに合わせる傾向がある ＝ 協調的
C 人から引いて自分の世界に退こうとする ＝ 遊離的

例えば、言いにくいことをどうしても人に伝えなければならない場合、あなたならどうしますか。誤解のないようなるべくはっきり言う（自己主張的）か、はっきりは言わずに〝オブラートに包んだ〟ように言うか（協調的）、それでも言わないですませたい、そのため伝えるのが遅くなる（遊離的）か。具体的なシチュエーションはいろいろ考えられると思いますが、基本的な態度はこの３つの傾向に分けられます。

おそらく、あなたは自分がどの傾向が強いか、判断できるのではないでしょうか。

自己主張型は、ユングの内向・外向尺度からすると外向型になります。自分の内面よりも、外の世界に関心が向かうタイプです。遊離型は内向型で、自分の内面の世界に退却する傾向の強いタイプです。協調型はその間で揺れている感じです。

自己主張型の人たちが集まって作業をすると、にぎやかで、大いに盛り上がります。

協調型の人たちが集まるとそれぞれに役割を決めたり、お互いに譲り合って、誰が最初にやるかなど順番を決めて作業することになります。

遊離型の人たちが集まると、お互いに少し引いた距離にいて、場が静かです。大体が共同作業よりも、単独の作業のほうがやりやすいようです。

こういった対人態度は、子どもが小学校に上がるころには、すでにその特徴が見られるでしょう。

それぞれの特徴を整理してみましょう。

A 自己主張型　タイプ3・タイプ7・タイプ8の可能性が高い

外の世界に関心が強く、積極的に自分を前に押し出していく人たちです。自分が何を求めているかが明確で、その欲求に従ってアグレッシブに行動します。自分の能力や魅力に自信を持ち、欲しいものは自分の手で勝ち取ろうとします。現実的で実際的な面があり、競争社会を生き抜いていくための能力を身につけています。自分の内面にはあまり目を向けず、とくに内面の感情をシャットアウトしようとする傾向があります。こういう人は自己主張型と呼ばれます。

　タイプ３、タイプ７、タイプ８の可能性が高いです。

B 協調型　タイプ1・タイプ2・タイプ6の可能性が高い

協調性があり、周囲の人との和を大切にする人たちです。価値判断の基準を自分の外に求め、親の価値観や世の中の常識、他人の期待、規則やルールといったものに従う傾向があります。他人の気持ちやニーズに敏感で、人と人との間で揺れ動き、自分のことよりも相手のほうに焦点が合っています。自分が一番であるよりも、２番目か３番目が心地よく、あるいはみなと同じであろうとします。他人の評価に影響されやすいところがあります。

　こういう人は協調型と呼ばれます。タイプ１、タイプ２、タイプ６の可能性が高いです。

Ｃ 遊離型　タイプ４・タイプ５・タイプ９の可能性が高い

内向的で、人との間に距離を置き、自分の内面に引きこもる傾向のある人たちです。あまり多くを望まず、競争や派手な成功を避け、孤高を保とうとします。声高な人や威圧的な人の前から身を引く傾向があります。人から何かを強いられると、静かだけれど頑なに抵抗する場合があります。それほど多くの人との付き合いは望まず、少数の友人との交友にとどまる傾向があります。

こういう人は遊離型と呼ばれます。タイプ４、タイプ５、タイプ９の可能性が高いです。

ユングの内向・外向型とエニアグラムタイプの対比では、おおむね次のように言えるかと思います。

内向的	タイプ４	タイプ５	タイプ９	
外向的	タイプ２	タイプ３	タイプ７	タイプ８
外向－内向	タイプ１	タイプ６		

タイプ2は対人態度におけるホーナイの3つ組みでは、協調型になりますが、内向的か外向的かでいえば、明らかに外向型と言えるでしょう。

自己主張、協調、遊離の3つの傾向は、一人の人のうちにも多かれ少なかれ見出されるものです。これらの態度はどれも、自分の能力を発揮し、良好な人間関係を築き、社会に適応していくために必要なものであるからです。

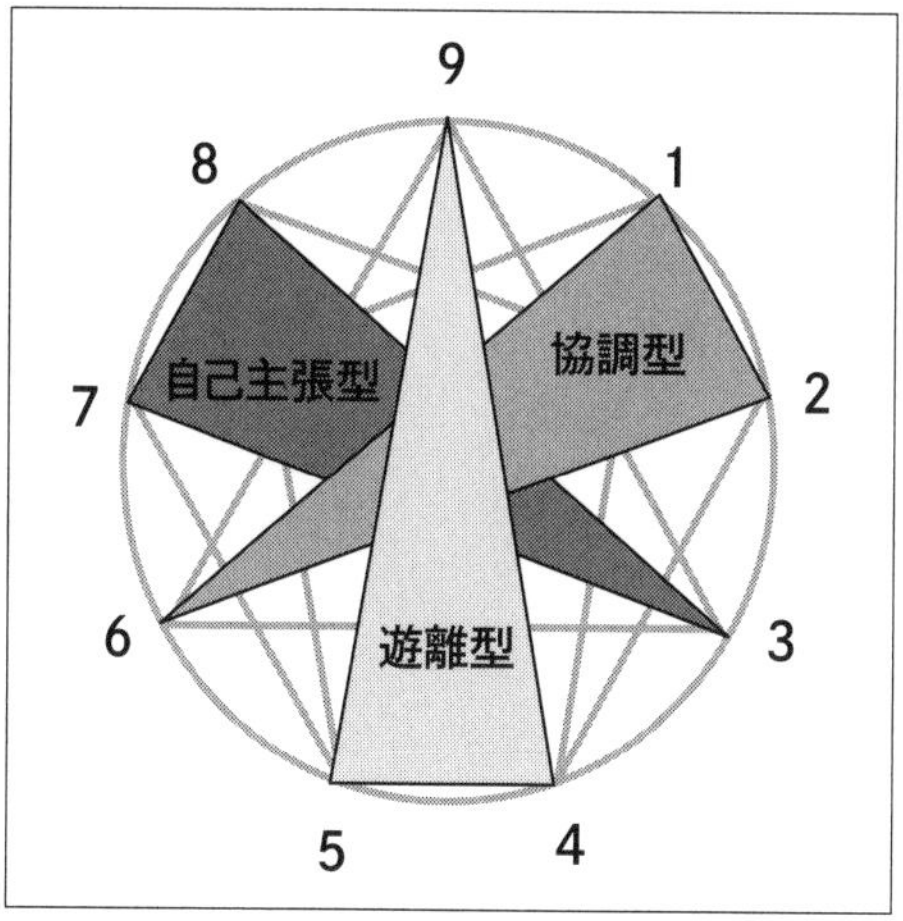

もともとは苦手と感じていても、社会生活を送る上で経験的に身につけることのできる態度もあります。誰でも積極的に自分を前に押し出し、自己を主張しなければならないときがあり、そうしなければ、求めるものを手に入れることができない場合があります。どうしても譲れないことがあるとき、評価を得るために自分をアピールしなければならないときもあります。

その一方、会社や組織、学校など、集団生活が営まれる場では、協調性が必要とされ、規則やルールに従うよう求められることがあります。周りの状況を推し量り、人に合わせ、人と協力し合うことも必要なときがあります。

また、わたしたちは人から離れて一人になる時間を持つことが必要なときもあります。知的な活動やクリエイティブ（創造的）な作業は、孤独の中で営まれることが多いものです。

トラブル時の反応から見た性格の違い

何らかのトラブルに直面したとき、その瞬間の反応や心的構えは人によって異なります。同じことが起きても、その瞬間の反応は人によって違います。

気がかりなことがあるとき、不安な状況に陥ったとき、あなたならどんな反応を示すでしょうか？　何か過去に体験したこと、例えば、最初にコロナ感染拡大のニュースが広まり始めた２０２０年ごろのことなどを思い起こしてみてください。

初めのうち、あなたはその事態に対してどんな構えを持っていたでしょうか？

[X] そんなに心配しなくても大丈夫だろう、大変なことは起きないだろう。何とかなるだろう。

Y 何をすべきなのか、何かできるのかを考えよう。慌てずに、冷静に事態をとらえ、解決法を探す。

Z これは大変なことになった、いったいどうなるのか、どうすればいいのか、何かしなくてはと思う。気持ちがざわざわして、不安になったり、いろんな感情が湧いてきて落ち着かず、じっとしていられない。

これだけの文章では分かりにくいかもしれませんが、不測の事態、しかもそれがストレスやショックを引き起こしやすいような状況において、わたしたちがどのような反応をするのか、その最初の心的構えには次の3つの傾向が見られるということです。

X 事態を楽観視し、ポジティブな見通しを持つ ⬇ 肯定型
Y 感情を抜きにして、事態を処理しようとする ⬇ 合理型
Z 感情がリアルに反応し、深刻に受け止める ⬇ 本気型

肯定型は、たとえ深刻な事態でも、むしろ深刻な事態に際してこそ、楽観的な反応を示しやすいのです。合理型は気がかりなことがあっても、むしろ不安な状況であるからこそ、感情を切り離して、淡々とやるべきことをやり、冷静な態度でいようとします。本気型の場合は、事態を深刻に受け止めます。肯定型の楽観性と比較すれば、悲観的な見通しを持ちやすいと言えるでしょう。その際、本気型はじっとしていられない感じになります。

これら3つの反応は時間が経つにつれ、個人の中でも別の反応に変わっていきます。例えば、最初は慌ててすぐに反応するが、そのうち理性的になり事態を冷静に受け止めるようになる。そして、最後には楽観的な見通しを持てるようになる……。

逆に、最初はわりあい冷静でいられたが、次第に不安が増してくる場合もあるでしょう。最初は楽観的な構えでいた人が、しばらく経つと、事態が深刻なものであることに気づき、不安が高まってくることがあるかもしれません。その段階を過ぎると、少し落ち着いて冷静になってくることもあるでしょう。ただ、その順番が、人によって違うということです。

問題対処の方法における共通グループは、リソ&ハドソンのエニアグラムで紹介されたものです。3つのグループの特徴をもう少し詳しく整理してみましょう。

Ⅹ 肯定型　タイプ2・タイプ7・タイプ9の可能性が高い

常に明るい見通しを立て、楽天的に物事をとらえます。何事も肯定的に受け止め、前向きに対処しようとします。反面、物事の否定的な側面を見ようとせず、問題があるということを認めようとしない傾向があります。実際に何か問題があっても、自分や他人に「大丈夫」と言い聞かせ、事の重大さを過小評価し、場合によっては、問題を見過ごす可能性があります。自分自身の暗い面に向き合うのが苦手です。

そういう人は、タイプ2、タイプ7、タイプ9の可能性が高いです。

Y 合理型　タイプ1・タイプ3・タイプ5の可能性が高い

問題に対して、客観的、理性的に対処しようとします。自分の感情は脇において、合理的に問題解決を図ろうとします。他人に対しても同様の態度を期待します。問題解決を目的とした有効な解決法を求めますが、その際、自分や他人の感情に気づきにくい面があります。理性的な問題解決法とは、何らかの手続きや手順を踏んでいくということです。

そういう人は、タイプ1、タイプ3、タイプ5の可能性が高いです。

Z 本気型　タイプ4・タイプ6・タイプ8の可能性が高い

問題や葛藤に対して感情的に反応します。自分はそのことについてどう感じているのかを表現し、他の人からも同じような反応を引き出そうとします。自分自身の感情を最初に処理しなければ、なかなか問題処理にあたれない傾向があります。感情を発散してしまえば、また、誰かがその感情を受け止め、共感してくれれば、問題は解決していなくても気分がすっきりし、それで解決したような気になってしまうこともあります。

そういう人は、タイプ4、タイプ6、タイプ8の可能性が高いです。

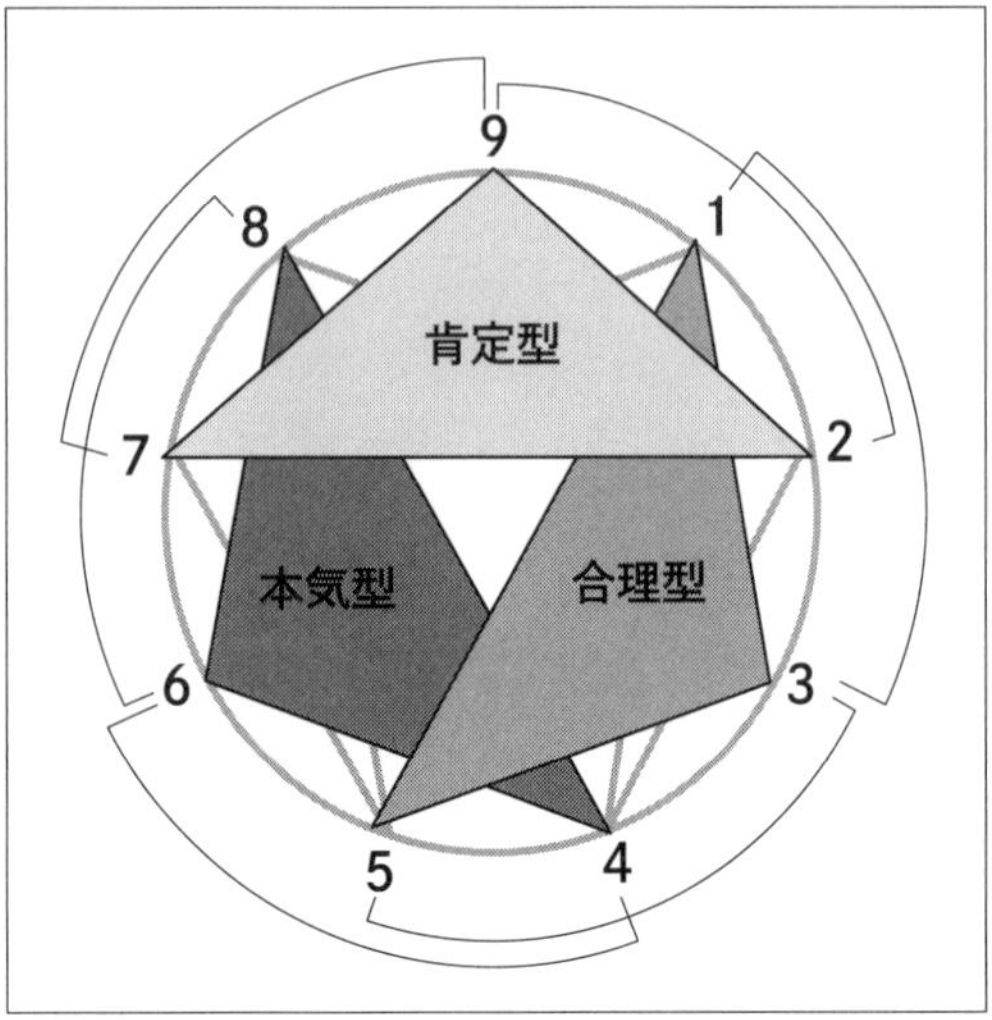

肯定・合理・本気という3つの心的構えは、わたしたちがどのタイプであれ、誰の中にも見出し得るものです。ただ、その反応のどれが瞬時に、いち早く表れるかに違いがあるわけです。自分がどのタイプかを知っておくことは、トラブルが生じたときのより良い対処法を見出すことにつながるでしょう。このような反応はたいてい、よりショックな事態において無意識のうちに起こり得る反応です。

チームをまとめたり、グループ内で問題処理にあたるときは、肯定・合理・本気のどの

	A 自己主張型	B 協調型	C 遊離型
X 肯定型	タイプ7	タイプ2	タイプ9
Y 合理型	タイプ3	タイプ1	タイプ5
Z 本気型	タイプ8	タイプ6	タイプ4

グループにも巻き込まれないようにしなければなりません。

物事は、即座に本気で反応しなければならない場合もあります。問題解決それ自体においては、感情的にならず、クールに理性的に対処しなければならないこともあります。そして、いかに先行き不安で、また困難な状況であっても、先の明るい見通しを持つことも必要になってきます。

あなたがチームのまとめ役であれば、これら3つの構えは常に意識しておかれるとよいでしょう。

先の対人態度における共通グループと、この問題状況での心的構えにおける共通グループのどれに当てはまるかで、タイプを絞り込んでいくことができます。2つか3つのタイプが候補に挙がってくる人もいるかもしれません。

これで自分のタイプに行き着く人は、学生セミナーや一般の方のワークショップなどをやってきた経験では、だいたい75パーセントぐらいではないかと思います。

9タイプの内面の動き――統合の方向と分裂の方向

エニアグラム図を見ると、円の内側に円周上の点を結ぶ線が描かれています。そこには正三角形を形作る線と残りの6点を結ぶ線が描かれています。この図を発見したグルジェフが「3の法則」と「7の法則」と呼んでいるものです。

3の法則▼ポイント3・6・9を結ぶ線。1÷3＝0.333333……

7の法則▼ポイント1・2・4・5・7・8を結ぶ線。1÷7＝0.142857142857……

これらの線の結びつきから、9つのタイプの内面の動きが見事に説明されます。エニアグラム図にはそういった不思議さがあります。

この線の結びつきは、各タイプにおける統合の方向・分裂の方向（integration and disintegration）と呼ばれています。

人の心は一定不変の心理状態にとどまっているわけではありません。統合と分裂の方向を指し示す線は、各タイプの内面のダイナミックな動きを表しています。

〈統合の方向〉

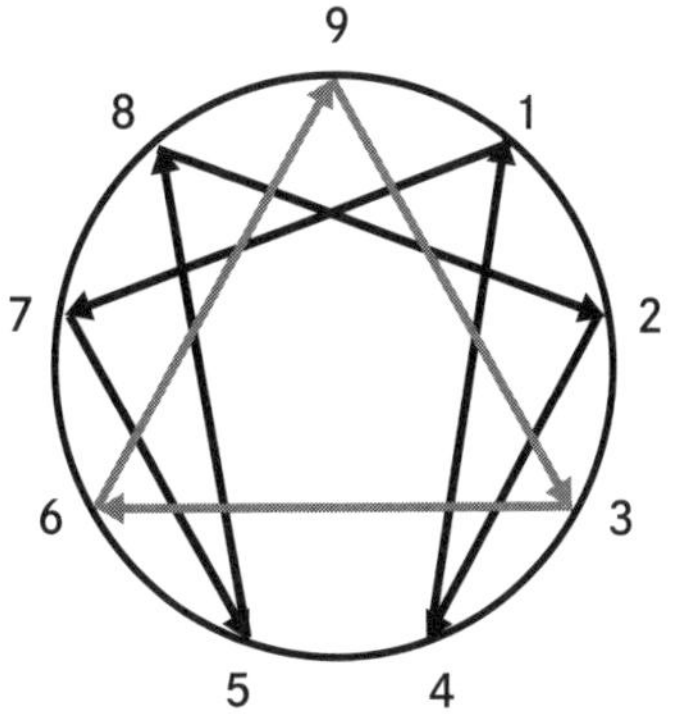

〈分裂の方向〉

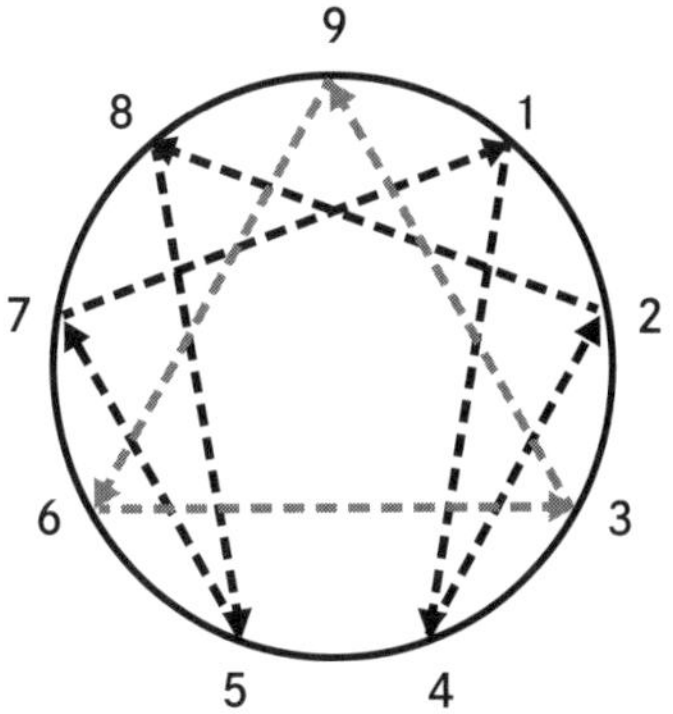

「統合と分裂の方向」という言葉について少し説明しておきます。「統合」はさておき、「分裂」という言葉が、何か精神的に不健全な状態を意味しているのではないかと思われることがあります。後の章で説明しますが、リソ＆ハドソンの理論に「健全度の諸段階」を示すものがあります。同じ性格でも健全・不健全があるということで、不健全のレベルになると精神病理の段階になるという見方がなされています。エニアグラムの理論を頭で解釈しようとし始めると、統合と分裂の方向の意味を健全度とごちゃまぜにして考えてしまう人がいるようなのです。しかし、「統合と分裂の方向」というのは、健全不健全ということを示しているのではありません。それぞれについて、詳しく説明しましょう。

分裂の方向 精神的にストレスがかかっているときに陥りやすい内面の傾向

分裂の方向とは、ストレスや不安が増大するときに表れる内的傾向です。何か悩みがあるときや、自分の人生がうまくいっていないと感じているとき、わたしたちは無意識に分裂の方向のタイプのように振る舞うことがあります。

悩みが深く、長くストレス状態に置かれていると、それが習慣的な心のありようとなり、分裂の方向のタイプがあたかも自分のタイプであるように感じられるのです。

分裂の方向にあるタイプの傾向は、ストレス状態で自分がそれ以上、不健全な状態に陥らないようにとどまろうとする性質のものです。

また、統合の方向のタイプをひと巡りすると、分裂の方向にあるタイプにたどり着きます。ということは、分裂の方向にあるタイプの傾向も、やがては統合していかなければならない課題となるということです。

ですから、分裂の方向の状態が必ずしも悪いというわけではありません。それでも、わたしたちは分裂の方向にあるとき、どこか気持ちがオープンになっていない、内に何か暗くわだかまったようなものがあり、人との交わりにおいても気持ちを解放しきれない感じを、自分でもそこはかとなく感じ取っているものです。どこか息苦しく、心弾まず、重たく生きにくい感じがあるものです。

「自分とは何か?」「自分はどう生きればいいのか?」「人間関係がうまくいかない」など、自分探しのきっかけとなるような迷いや悩みを抱いているとき、エニアグラムのタイプを見つけようとすると、分裂の方向にあるタイプを自分のタイプと見誤ることはよくあるものです。わたし自身も、書店でリソの『性格のタイプ』を見つけたころ、プライベートではとても困難な時期にありました。その時期に、これが自分のタイプであろうと思われたのは、分裂の方向にあるタイプでした。

統合の方向　精神的にリラックスし、解放されているときの内面の傾向

これに対して、統合の方向は精神的に解放され、リラックスしているときの内面の傾向を表しています。緊張しているとき、わたしたちは自分の能力や実力を十分に発揮できないことがあります。しかし、リラックスしていられれば、本来の能力や実力を発揮できるでしょう。試験のときのことなどを思い浮かべてみれば分かります。

自分の中で統合の方向にあるタイプの傾向がどのように表れるかは、わりあい親しく良い関係を築けている人たちと一緒にいるときの状態を思い起こしてみると分かりやすいでしょう。そういうときには、比較的リラックスし、気持ちをオープンにできている状態ではないでしょうか。そのときの解放的な心理状態が、統合の方向に向かう自分をイメージするヒン

トになります。

もっとも、統合の方向に向かうことは、その方向にあるタイプを真似るということではありません。例えば、タイプ1にとって統合の方向はタイプ7ですが、タイプ1がタイプ7のような態度を真似ればいいというようなことではありません。タイプ1が統合の方向に向かうと、自らの内なるタイプ7のポジティブな面が、本来のタイプ1の性格に統合されていくということです。わたしたちが、常に統合の方向に居続けるためには、意識的な取り組みが必要となります。

以下に、各タイプの統合と分裂の方向について解説します。

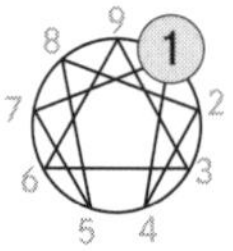

【タイプ1】 分裂の方向 4 統合の方向 7

完全さを求めるタイプ1がストレス状態に陥ると、物事の不完全さや他人の欠点が目につく以上に、自分自身の欠点や至らなさに思いが至り、自分を責めるようになるでしょう。欲求不満の状態から、イライラするよりもむしろ自己嫌悪に陥り、意気消沈して、抑うつ的に

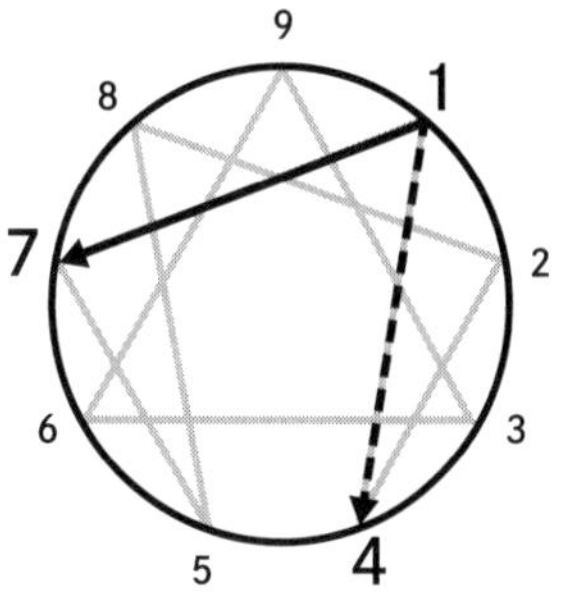

なります。この時点で、タイプ１の人は自分をタイプ４と見誤ることがあります。

タイプ１が精神的にリラックスしているときは、完全主義の罠から抜け出すことができるでしょう。たえず自分を縛っている「ねばならない」「べきである」の発想から解き放たれ、心身の緊張感がとけて、より軽やかで、前向きに行動し始めるでしょう。気楽な気持ちで新しいことに取り組み、人と関わることができるでしょう。人生を楽しむ余裕が出てきます。

タイプ１にとっては、最終的には、分裂の方向にあるタイプ４のポジティブな資質、すなわち、豊かな感受性と内面の感情を味わい、細やかな感情の機微を受け止めることのできる能力――を統合していくことが、自己成長の道の課題となってきます。

※すべてのタイプについて言えることですが、分裂の方向にあるタイプも最終的には統合の方向となります。

【タイプ2】

分裂の方向 8

統合の方向 4

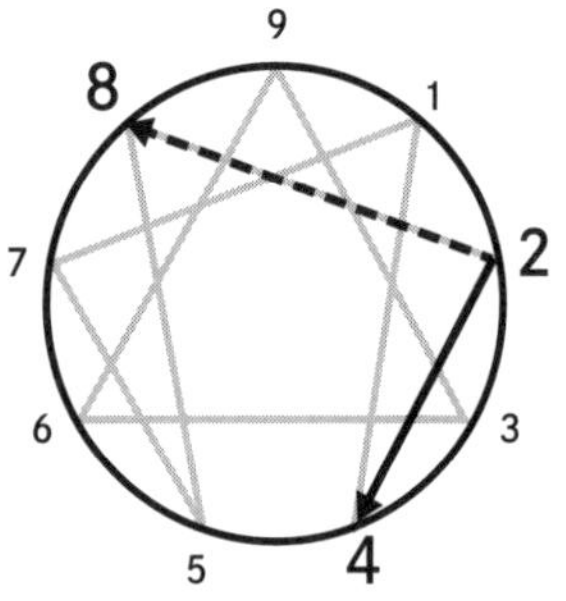

愛情豊かで人に親切なタイプ2がストレス状態に陥ると、人に対して支配的になることがあります。とくに自分が世話をしている相手や自分が「してあげている」と思っている相手に対し、高飛車で恩着せがましい態度をとるかもしれません。感情的になり、タイプ8のように怒りを露わにすることがあります。それでもなお、タイプ2は自分を親切な人間だと思っていることでしょう。

タイプ2が精神的にリラックスしているときは、常に他者に関心が向かうのではなく、タイプ4のように自らの内面と触れ合うことができます。自分の中のネガティブな感情とも触れ合い、自分の気持ちに正直に向き合えるようになるでしょう。そして、自分自身の本当の欲求に気づくようになり、その欲求を満たすことを後回しにしなくなります。自分から人の気を引き、人のところに出かけていたタイプ2が、一人でもいられるようになります。

タイプ2にとっては、最終的に、分裂の方向にあるタイプ8のポジティブな資質、すなわち、個人的な感情を抜きに人を受け入れ、見返りを期待せず人のために自分の力を使えるという資質――を統合していくことも、自己成長の道の課題となってきます。

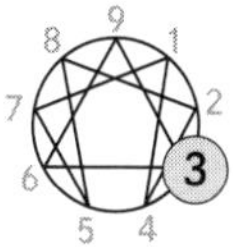

【タイプ3】

分裂の方向 9　**統合の方向** 6

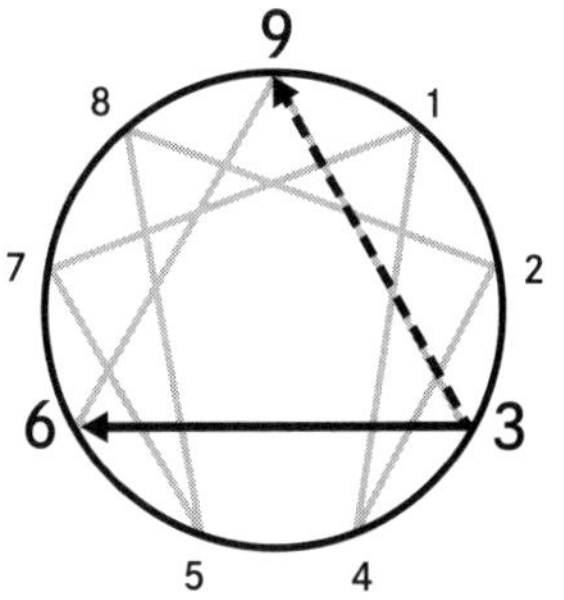

目標達成型で何でもテキパキこなせるタイプ3がストレス状態に陥ると、やる気が起きず無気力になることがあります。自分に自信が持てず、自己評価も下がってしまいます。そうなると、ふだんは行動的なタイプ3が、自分の中に引きこもってしまうでしょう。現実との接点を失い、何も感じなくなり、自分をエネルギー切れと感じるタイプ9のような状態になってしまいます。

タイプ3が精神的にリラックスしているときは、ことさら成功を追い求めて駆り立てられることはなく、人と競争したり人前で自分をよく見せようとする必要もありません。タイプ6のように、自分の役割や義務に忠実で、周囲の人とも協力し合い、協調的に関わっていくことができます。誠意のある態度や誠実な人柄が浮かび上がってきます。

タイプ3にとっては、最終的に、分裂の方向にあるタイプ9のポジティブな資質、すなわち、素朴で飾らず、長いスパンで物事を考え、あるがままを受容することのできる資質——を統合していくことが、自己成長の道の課題となってきます。

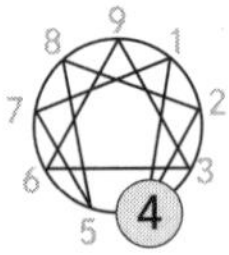

【タイプ4】 分裂の方向 2 統合の方向 1

内向的で感受性が豊かなタイプ4がストレス状態になると、自分はとても傷ついていると感じ、落ち込みますが、その自分を救ってくれそうな誰かを見つけようとするかもしれません。ふだんは一人でいることを好むタイプ4が、タイプ2のように特定の人に対して親密感を抱くようになります。その相手に執着し、「自分のことを分かってくれるのはあなただけ」

と、特別な間柄を強調しようとするでしょう。

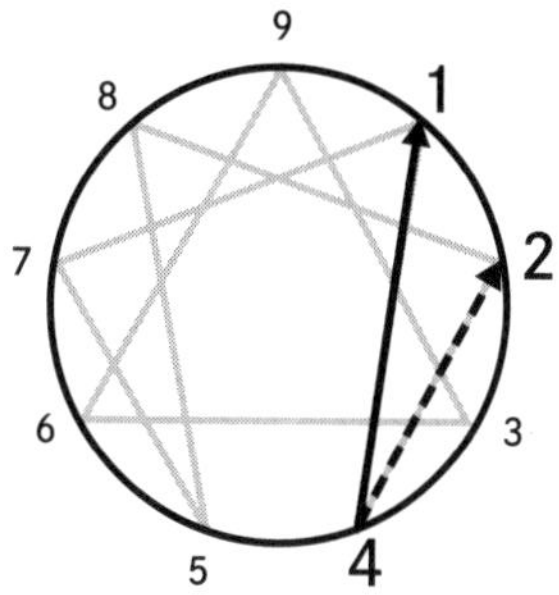

タイプ4が精神的にリラックスした状態のときは、自分の感情やそのときどきの気分に左右されるのではなく、何をすべきなのかを考えて行動するようになります。放縦な生活に陥らず、タイプ1のように自分を律することができ、やるべき課題に専念し、けじめのある生活ができるようになります。きわめて個人的な生活から、社会とのつながりのある生き方へと開かれていくでしょう。

タイプ4にとっては、最終的に、分裂の方向にあるタイプ2のポジティブな資質を統合していくことが必要となります。すなわち、他人の気持ちや他人が必要としていることに敏感で、温かく他人を思いやることができるのがタイプ2です。そのように、実際に人のために動き、働ける資質——を統合していくことも、自己成長の道の課題となってきます。

【タイプ5】 分裂の方向 7 統合の方向 8

物事に集中し、深く考えることのできるタイプ5がストレス状態に陥ると、集中力がなくなり、思考にまとまりがなくなって、考えが上滑りし、空回りし始めます。やりたくないことは避け、自分は関係ないという立場でいようとします。現実から逃避し、自分を正当化するタイプ7のように、理屈をこねて責任逃れをするかもしれません。

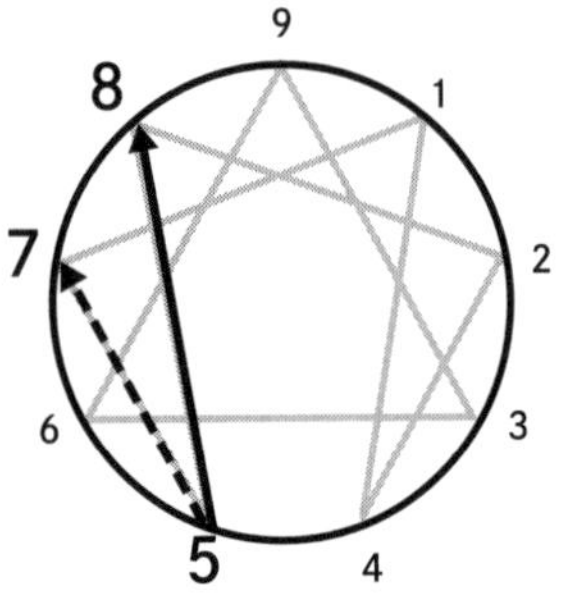

精神的にリラックスした状態のときは、人から離れ、頭の中の世界に引きこもりがちだったタイプ5が、行動する人となり、周りの人々とも関わるようになります。自分の持つ知識や情報を惜しみなく人に与え、私心なく人と関わっていけるようになるでしょう。自分の専門領域などにおいて、リーダーシップを発揮することもあります。タイプ8のような意志力と決断力を発揮し、物静かで冷静な態度でありながら、エネルギッシュに行動するでしょう。

タイプ5にとっては、最終的に、分裂の方向にあるタイプ7のポジティブな資質、すなわち、いろいろなことに興味を持ち、やってみる行動力とフットワークの軽さ、またひとつのことだけに集中しすぎず、同時にいくつかのことをやってみることのできるゼネラリスト的な資質——を統合していくことが、自己成長の道の課題となってきます。

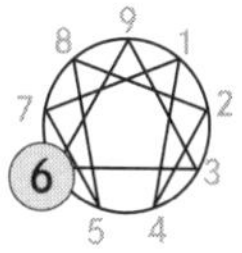

【タイプ6】

分裂の方向　3

統合の方向　9

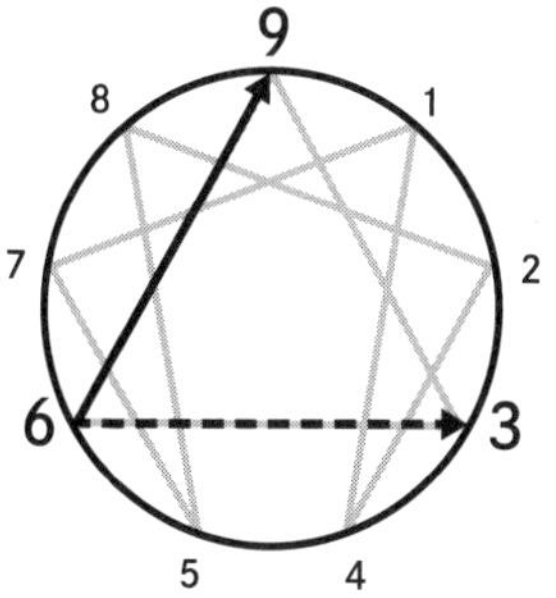

協調性があり、自分の義務や役割を担い、仲間を大切にするタイプ6がストレス状態に陥ると、自分の中の自信のなさや劣等感の裏返しとして、状態の悪いタイプ3のように、他人に優越的に振る舞い、傲慢で高飛車な態度で接することがあります。不安や猜疑心から、気に入らない人を仲間外れにしようとするかもしれません。保身のために、ごまかしが生じることもあります。

タイプ6が精神的にリラックスした状態のときは、頭の中が静まり、気持ちが安定し、柔和で落ち着いたタイプ9のように穏やかでいられます。不安や疑心暗鬼から解放され、地に足の着いた状態でいられるでしょう。人を寛容に受け入れ、グループや派閥を超えて、周囲の人々と平和的に関わっていくことができるでしょう。

タイプ6にとっては、最終的に、分裂の方向にあるタイプ3のポジティブな資質、すなわち、肯定的な自己イメージを持ち、自分に対する自信を失わず、積極的に物事に取り組み、人に認められるよう努力し、自分の実力を発揮していく資質――を統合していくことも、自己成長の道の課題となってきます。

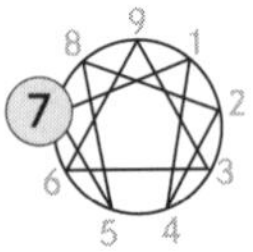

【タイプ7】 分裂の方向 1 統合の方向 5

ふだんは明るく楽天的なタイプ7がストレス状態に陥ると、タイプ1のような完璧主義的な傾向が出てくることがあります。そして、あれもこれもすべて完璧にやり遂げなければならないという気持ちに駆り立てられます。しかし、物事は中途半端で未消化なままに終わる

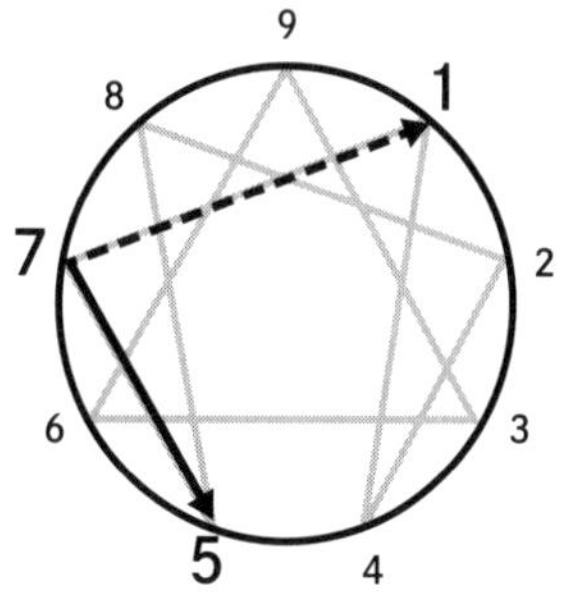

ことにもなりかねず、何もかもがしっくりこない感じで、イライラを抱え、欲求不満に陥るでしょう。他者に対しても不満を抱き、批判的な傾向が顕著になり、ときに攻撃的にすらなるかもしれません。

タイプ7が精神的にリラックスした状態のときは、頭の中が静まり、物事を客観的に見通すクリアな視座を持つようになります。行動過多の状態から、自己の内面とのつながりを取り戻し、静かにその場にいられるようになるでしょう。タイプ5のような思慮深さが表れます。ひとつのことに集中して取り組むこともできるようになります。

タイプ7にとっては、最終的に、分裂の方向にあるタイプ1のポジティブな側面、すなわち、自分に対する要求水準が高く、高い理想をかかげ、その理想に向かって、まじめにこつこつと努力し、自分のしたことに責任を持つことのできる資質——を統合していくことが、自己成長の道の課題となってきます。

〔タイプ8〕

分裂の方向 5　統合の方向 2

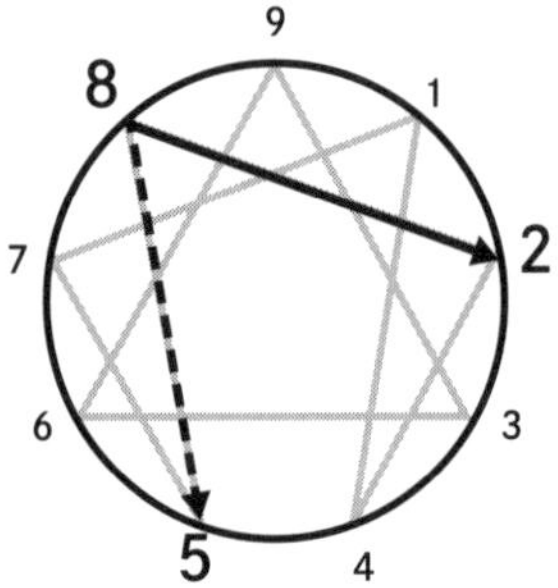

　現実的で、決断力・実行力のあるタイプ8がストレス状態に陥ると、人との接触を断ち切り、タイプ5のように自分の世界に引きこもるようになります。このときタイプ8は自分だけが世の中から孤立し、しかも不当に扱われているように感じます。しかし、そこで、自力で生き延びるための戦略を練り始めます。思考は滞りがちで、心の中には外の社会や他人に対する怒りや反抗心が渦巻き、同時に最悪のことを考え、猜疑心も膨らんでくるでしょう。

　タイプ8が精神的にリラックスした状態のときは、人に対して寛容になり、誰に対しても心を開くことができるようになります。タイプ2のように、人のために自分のエネルギーを使うこともでき、とりわけ弱い者を守ろうとするでしょう。同時に、自分の内面にある弱さを感じ取り、その弱さを認めることで、かえって本来の強さを発揮できるようになるでしょう。反抗的な心がなくなり、周りの人と親しみます。

タイプ8にとっては、最終的には、分裂の方向にあるタイプ5のポジティブな資質、すなわち、行動に向かう前に思慮深く考え、物事を客観的に眺め、情報や知識を分析総合し、未来に対してある種の直観を働かせる能力——を統合していくことが、自己成長の道の課題となってきます。

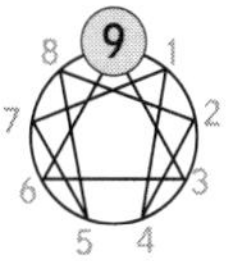

【タイプ9】

分裂の方向 6

統合の方向 3

穏和なタイプ9がストレス状態に陥ると、これまで気楽であった人が落ち着きをなくし、過剰なほど敏感になり、不安に駆られてうろたえることがあります。自己評価がますます低くなり、びくびくとした態度が目立つようになるかもしれません。自虐的で、卑屈ともいえるような態度をとり、自分で自分を悪い状況へと追いやってしまうこともあるかもしれません。

タイプ9が精神的にリラックスした状態のときは、地に足の着いた落ち着きを取り戻すと

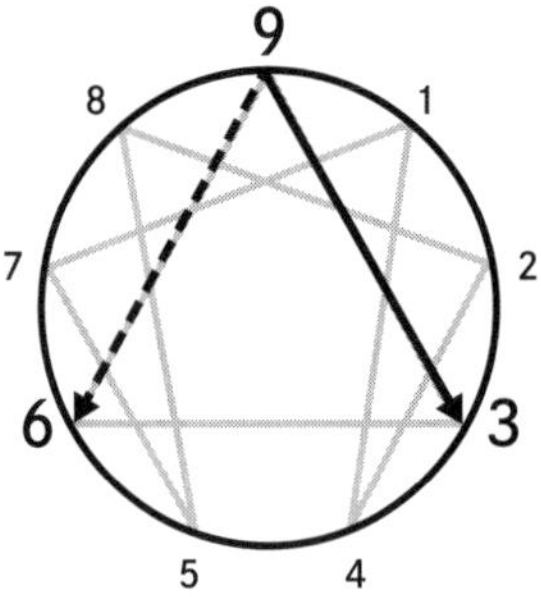

同時に、タイプ3のように行動的になります。達成すべき目標を持ち、その目標に向かって努力し、底力を発揮するでしょう。どっちつかずの態度ではなく、自分をはっきり主張できるようになります。自己肯定感が増すとともに、自分に自信が持てるようになるでしょう。

タイプ9にとっては、最終的に、分裂の方向にあるタイプ6のポジティブな資質、すなわち、無秩序と混沌へと傾きやすいタイプ9にとって、決められた枠組みの中で一定のルールを守り、それに従って自分の義務ややるべきことを行っていくという資質――を統合していくことが、自己成長の道の課題となってきます。

根源的恐れと欲求から見た性格のメカニズム

わたしたちは幼児期のきわめて早い段階で、自らの本質とのつながりを喪失したと考えられています。そして、そこからくる恐れ（根源的恐れ）を克服するために、何らかの欲求（根源的欲求）が生じたと考えられるのです。

エニアグラムの目的は、自らの本質とのつながりを回復するというところにあるのですが、本質とは何かということについては、ひとまず「持って生まれたもの」と言うにとどめ、ここでは９つのタイプに代表される恐れと欲求について説明していくことにします。

個人の中には、どのタイプの恐れと欲求も見出されるものですが、あるタイプにおいては、特定の恐れと欲求が強く見出され、それがそのタイプの性格傾向を強く特徴づけるものとなっています。

これまでの人生において、何を恐れ、何を求めてきたのか。また、どんなことに突き動かされてきたのか、内なる欲求や衝動に気づけば、おのずと自分のタイプも浮かび上がってくるのではないでしょうか。

各タイプの恐れと欲求

タイプ１は、自分が不完全であること、間違っていることを恐れています。自分が堕落していて、悪い人間であることを恐れています。そのような恐れが強いために、タイプ１は完全であろうとし、間違いを犯さないよう、正しく、高潔であろうとします。

タイプ２は、自分が必要とされないことを恐れています。タイプ２にとって、それは自分が愛されていないということにもなります。そこで、タイプ2は必要とされる人、愛される人になるために、善い人であろうとするわけです。

タイプ3は、自分に価値がないことを恐れています。タイプ3が価値のある人間と見なすのは、例えば現実の社会でうまく機能し、とくに物質的な豊かさや社会的地位と結びついたステータスを有する人間です。そこで、タイプ3は自ら成功を求め、自分の能力や魅力を磨いていくことになります。

タイプ4は、自分の人生に意味がないこと、自分が個人としての存在意義を持たないことを恐れます。自分の人生が他人と置き換えのきくものであり、自分が他人と同じような人間だとしたら、どこに自分の存在意義があるでしょうか？　そこで、タイプ4は人とは違った自分の個性を求め、自分らしさを表現しようとします。

タイプ5は、自分が無知無能であることを恐れます。無知無能であるとあまりにも非力です。そこで、タイプ5は知的に有能であろうとし、知識や情報を集めて知ろうとし、物事を深く探究しようとします。

〈根源的恐れのエニアグラム〉

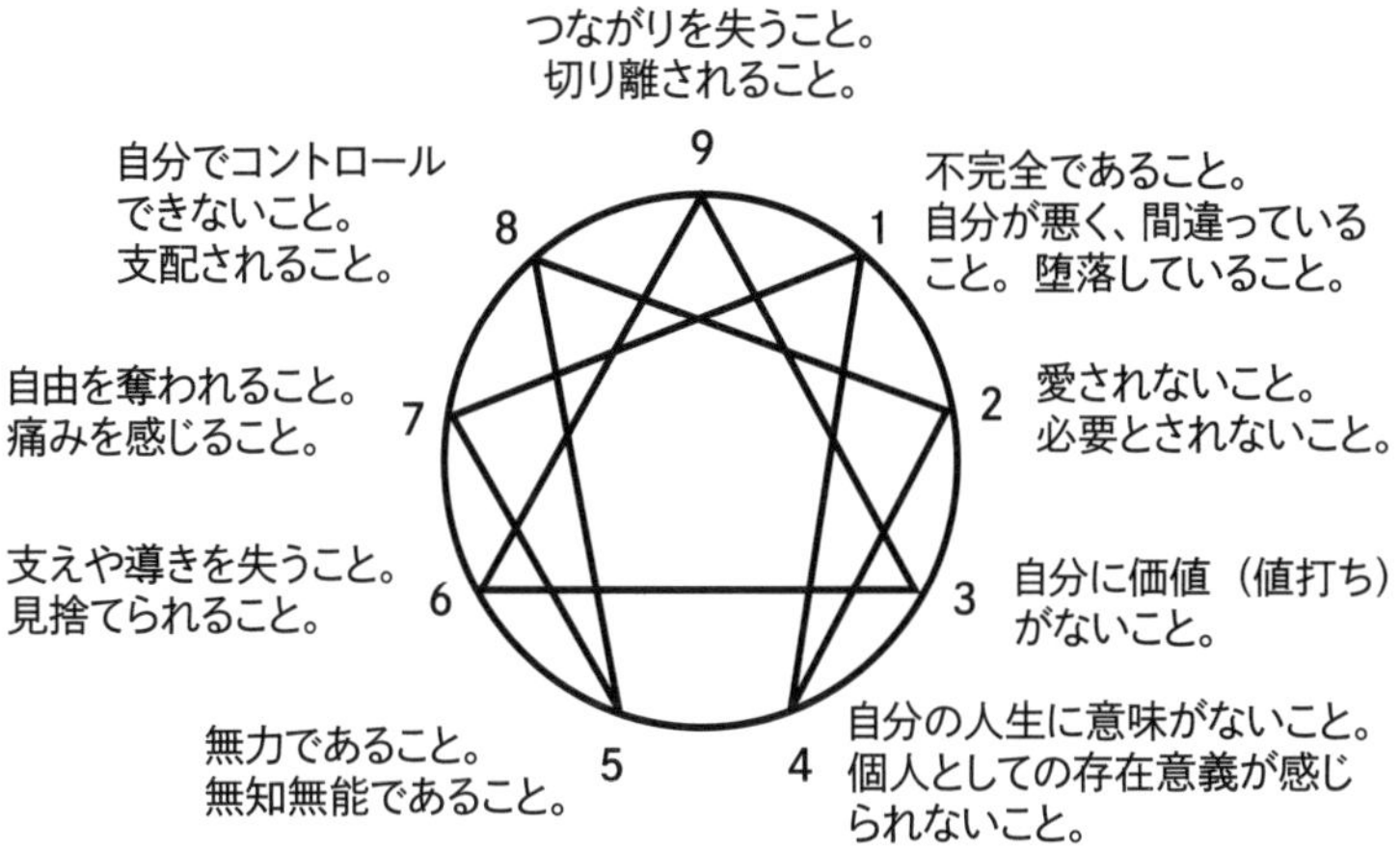

〈根源的欲求のエニアグラム〉

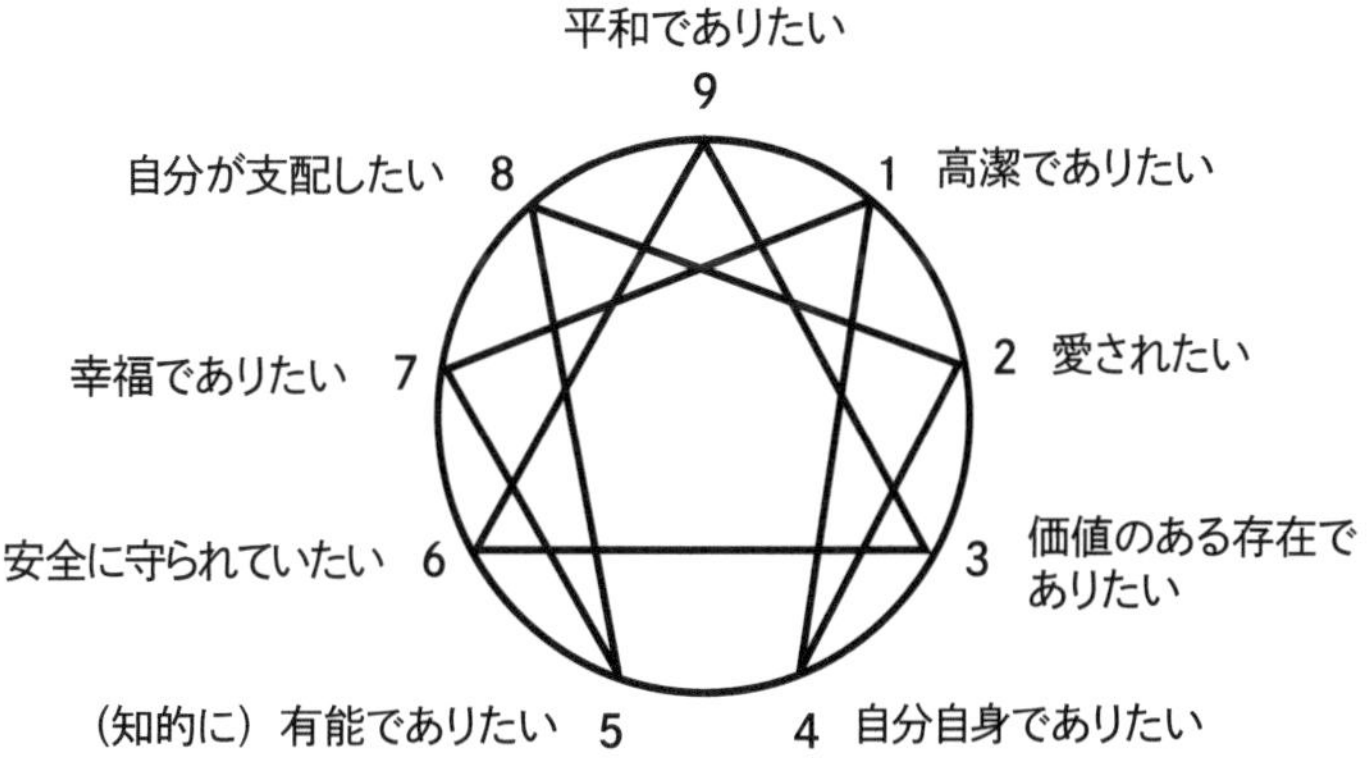

タイプ6は、自分が支えや導きを持たないことを恐れています。頼るものがないこと、見捨てられることを恐れています。それは安全ではない状態です。そこで、タイプ6は自分が頼れる支えや導きを求め、安心安全を得ようとするのです。

タイプ7は、自由を奪われることを恐れています。自由を奪われると、心は痛みにとらわれるでしょう。タイプ7は自由を求め、幸せであろうとします。さまざまな可能性を思い描き、欲しいものを手に入れ、やりたいことをやることによって、自分で自分を満たそうとします。

タイプ8は、支配されることを恐れます。自分が他者に傷つけられ、コントロールされることを恐れています。自分が弱いと生きていけないと思い、強くあろうとします。そして、何ものにも頼らず、すべてを自分でコントロールし、我が道を行こうとします。タイプ8にとっては、人生は戦いのように感じられます。

タイプ9は、つながりを失うことを恐れています。自分が世界から切り離されたような状態になることを恐れています。そこで、なるべく心に葛藤が生じるようなことを避け、周りの人や環境と穏やかにつながっていようとします。

根源的な恐れとは、自我の死に対する恐れ

根源的な恐れとは、自我が本質とのつながりを見失ったことからくる恐れですが、それは端的に言ってしまえば〝死への恐れ〟です。それは実際、差し迫った（と感じられる）恐れであると言ってもいいかもしれません。その恐れを回避するために、各タイプはそれぞれの戦略を持っていて、「こうすれば大丈夫だ」「自分はこうありさえすれば、生き延びられる」と思うわけです。

いくつかのタイプを例にとって説明します。

まず、タイプ1。タイプ1は間違っていることを恐れる、自分が悪い人間であることを恐れるということですが、それがなぜ死への恐れとなるのか……。

例えば、大きな自然災害が起きたとき、コロナ感染が拡大したとき、理不尽な事故や事件で命を落とす人が出てきたとき。人は心の中で、ときには言葉に出して、「どうしてこんなことが起こるのだ。自分たちは何も悪いことはしていないのに」と叫ぶことがあります。

しかし、災害や感染、事故、事件は、誰の上にも起こり得るものではないでしょうか。正しい生活をしていれば、間違ったことをしなければ、災害や事故には遭わない、病気にはかからないというわけではないのではないでしょうか？　何の過失もなく、何の非もないにもかかわらず、理不尽な事件や事故に巻き込まれてしまう人がいることも、わたしたちは日々のニュースなどで知っています。

にもかかわらず、タイプ１に限らず、わたしたちの内なるタイプ１的な心は、何か理不尽な目に遭うと、「自分は何も間違ったことはしていないのに、どうしてこんな目に遭わなければならないのだ！」と嘆きの声を上げ、神を呪いたくなることすらあるものです。

タイプ２の自分が必要とされないことへの恐れは、マザー・テレサの「愛の反対は憎しみではない。無関心だ」という言葉を思い起こさせます。自分が誰からも必要とされず、愛されず、見捨てられることは、〝死〟を意味するのではないでしょうか。赤ん坊は誰からも関心を持たれないと、本当に死んでしまうそうです。

タイプ３の価値がないことへの恐れというのは、古代から奴隷や身分の低い人たちの命がいとも簡単に奪われてきたことに象徴されます。無価値な人間と見なされてきた人々は、高い地位に就く人々よりも衣食住に恵まれず、取るに足りないものとして扱われてきたため、命そのものすら軽んじられてきたのです。

タイプ６の自分に支えや導きがないことを恐れ、何か頼れるものを求めるというのは、安心安全への欲求でもあります。何ひとつ頼れるものがなく、たえず外の世界の脅威にさらされ、安心安全な居場所が見つからなければ、わたしたちは生き延びられないと感じ、〝死〟への恐怖に脅かされることになるのではないでしょうか。

タイプ８は、自分が支配されることへの恐れを、強くあろうとすることによって克服しようとします。自分が弱いと生きていけないと思うわけです。実際、弱者が死の恐怖に脅かされる世界、弱いと生き残れないという世界がありましたし、いまもあるかもしれません。

根源的な恐れというのは、リアルな〝死への恐れ〟であると言ってもいいのです。もっとも、その〝死〟というのは、生物的な死というよりも、〝自我の死〟ということになります。

しかし、自我は死んでも、本質は生き残ります。自らの本質とのつながりを回復すれば、

〈各タイプの感情の囚われ（パッション）〉

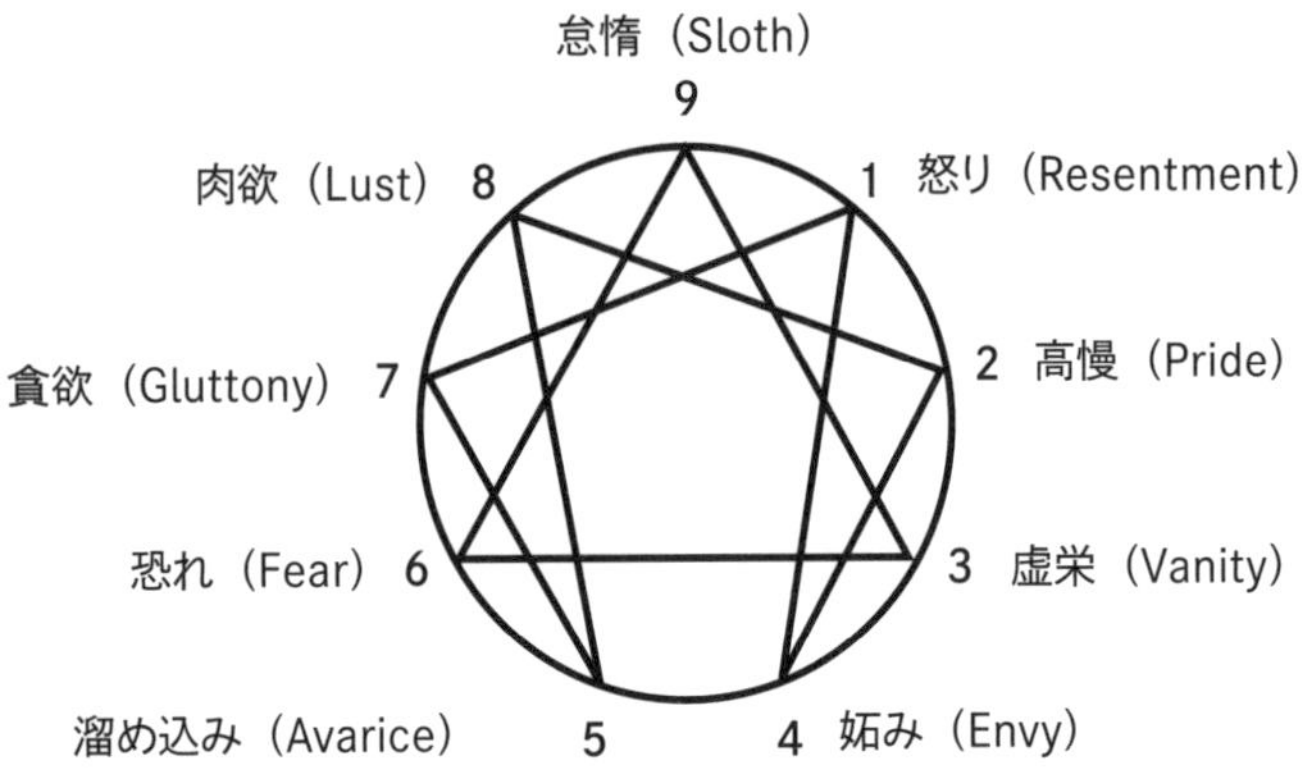

たとえ人（自我）は死んでも、生き続けるのです。それが、筆者が見出したエニアグラムのスピリチュアリティです。

感情の囚われ（パッション）について

オスカー・イチャーソは、人によって陥りやすい特有の感情的傾向を9つのパターンに分類し、エニアグラム図の上に配置しました。それが感情の囚われ（パッション）と呼ばれるものです。

パッション（passion）という言葉は、「情熱」という意味にとらえられることもありますが、その語源からして、もともとの意味は〝苦しみのもとになる感情〟ということです。

わたしたちの心の中には、さまざまな感情が湧き上がります。中でも、とりわけある特定の感情への

〈各タイプの美徳（VIRTUES）〉

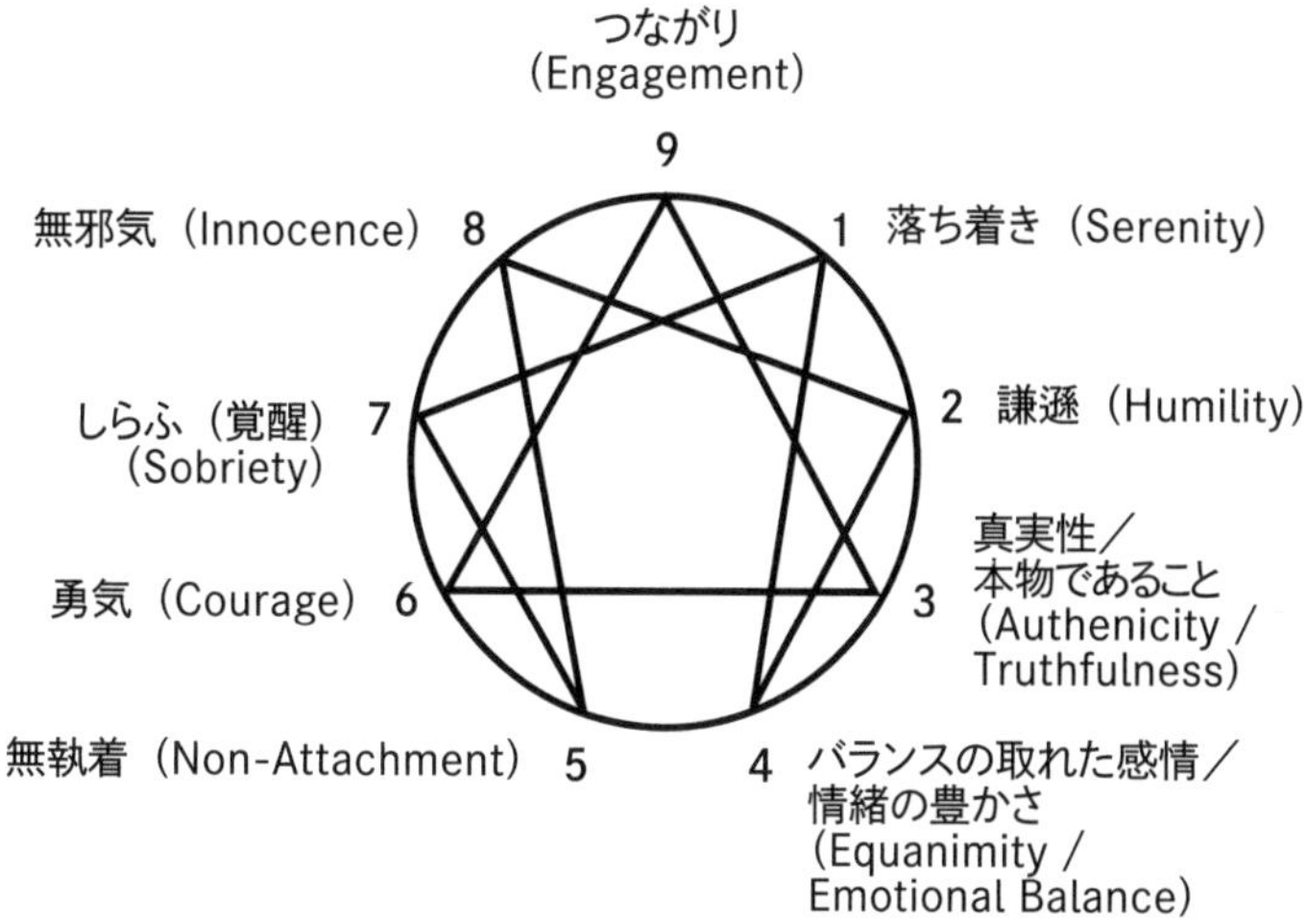

囚われがあり、それがもとで他者との関係で軋轢が生じたり、何よりも自分自身が苦しむことになるような心の囚われがあるものです。東洋的な考え方からすれば、それは煩悩のようなものだと言ってもいいかもしれません。

イチャーソ、ナランホ、リソ＆ハドソンでは、感情の囚われ（パッション）を表す言葉に多少の違いがありますが、基本的な考え方は共通しているので、ここでは筆者の判断で適切と思われる言葉を挙げてあります。

これらの感情的な囚われ（パッション）は、そのタイプにのみ生じる感情というわけではなく、誰の心の中にも湧き上がる性質のものです。ただ、一人の人の心の内には、繰り返し同じような感情の囚われが生じることがあり、それと比べると他の感情の囚われはそれほど強くなく、またあまりなじみのないものである場合もあります。

以下、「タイプ1は」「タイプ2は」……「タイプ9は」となっている記述は、「タイプ1に代表される感情の囚われは（あなたの内なるタイプ1的側面における感情の囚われは）」（以下、同様）というふうに読み替えていただいてもかまいません。

あなたはどのような感情の囚われに陥りやすいでしょうか？　それらの囚われから解放されたとき、各タイプの本質にある美徳（virtue）と呼ばれるものが浮かび上がってきます。美徳はわたしたちの霊的な本質を表しています。本質とのつながりを回復することができれば、美徳はその個人の内から輝き出るものです。

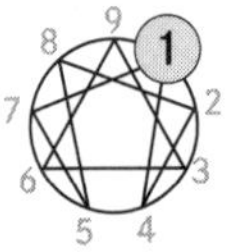

【タイプ1】完璧さを求める人

感情の囚われ（パッション）　怒り

ふつふつと湧き上がる怒り、いつまでも消えない。それがイライラや欲求不満となり、

自分自身をむしばむと同時に、周囲の人々に緊張とストレスを生じさせる。

タイプ１は周りの世界や人々が完全でないことにいらだち、怒りを感じます。その怒りは腹の底から湧き上がるようなエネルギーです。しかし、タイプ１はもとより完全であろうとする人ですから、自分が怒っていると完全ではなくなってしまうため、「怒ってはならない」と思い、怒りを抑圧しようとします。

ところが、その怒りは腹の中から湧いてくるものなので、いくら抑えようとしても抑え切れるものではありません。火山に例えれば、まるで山腹から煙が噴き出し、いまにも爆発しそうな休火山といった様相を呈します。

そのため、タイプ１はいつもイライラして、欲求不満を抱えているような状態になりかねません。自分では怒っていないつもりでも、周りは明らかにタイプ１が怒っていると感じるでしょう。怒りは伝わります。タイプ１のこの半ば抑圧された怒りは、本人を苦しめるだけでなく、周りの人をも苦しめることになります。

このような感情的囚われに入ったタイプ１がいると、家族や周りの人は緊張を強いられ、なかなかリラックスできません。

美徳　落ち着き

タイプ1の美徳は落ち着きです。タイプ1が腹の中のもつれた怒りによるイライラや欲求不満を手放し、感情的な囚われから解放されると、本来の地に足の着いた安定感と精神的な落ち着きという美徳が浮上してきます。それは〝凜《りん》〟とした佇まいです。

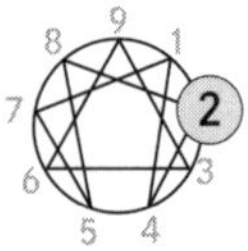

〔タイプ2〕人を助ける人

感情の囚われ（パッション）　高慢

自分には何も問題はない。自分は大丈夫だ。自分は他者をサポートする側の人間だ。自分は善人で十分に謙虚だ。与えるが受け取らない。

タイプ2の囚われが高慢であるということは、タイプ2の人にとって、はじめはピンとこないものです。なぜなら、自分では十分に謙虚だと思っているからです。実際、タイプ2は遠慮するし、よく謙遜します。そして、他人を立てます。他人の必要を汲み取り、世話をし、他人を喜ばせようとし、他人のために働きます。そういう人のどこが高慢なのでしょうか？

タイプ2のパッションが「高慢」とされるゆえんは次のような点にあります。タイプ2は「自分にはとくに何の問題もない」「自分は大丈夫だ、何か問題があるとすれば、それは他の人で、わたしはその人を助けてあげられるだろう」と、自分のことを〝人を助けてあげる側の人間〟と位置付けているところにあります。

それは、自分は常に与える側の人間であり、受け取る側の人間ではないということを意味しています。与えるだけで受け取らない人間とは、高慢ではありませんか。自分の価値を高いところにおいているのです。

ボランティアに例えれば、援助を必要としている人に対して、「あなたがたはわたしが助けてあげなければならない人」、極端に言えば「同情すべきかわいそうな人」と見なしてしまうような人のことです。困っている人に、善人気取りで手を差し伸べる。その根本の動機は何かということです。

「あなたは与えられる側」「わたしは与える側」という意識は、自分を相手より高いところに置いているわけです。それは謙遜ではなく、高慢です。

美徳　謙遜

タイプ2の美徳は「謙遜」です。例えば、タイプ2に限らずですが、ボランティア活動を始めた人が、最初は自分が「助けてあげる」「してあげる」つもりで、自分は与える側だと思っていたのが、むしろ与えられる側だったことに気づいたと言っているのを聞くことがあります。そこには、自らを低くして人に仕える人の謙遜があります。タイプ2が感情の囚われから解放されると、タイプ2本来の謙遜という美徳が浮かび上がってきます。

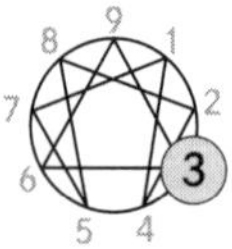

【タイプ3】目標を達成する人

感情の囚われ（パッション）　虚栄

自分の価値を高めるため、自分を優れた者に見せるため、実際以上に自分を膨らませる。他人の前で仮面をかぶり、演技をする。

タイプ3は自分の魅力や実力を認められたい、評価されたいという欲求の強い人です。そのため、できるだけ自分をよく見せようとし、感情的な囚われに入ると、それが度を越していきます。自分について真実ではないことを言い始め、いかにもそれらしく振る舞います。自己顕示欲から、まるでクジャクが羽根を広げたような態度で自分をひけらかし、自分にない羽根までも広げようとするのです。

そして、自分が誰よりも魅力的で有能であるというイメージを他人に植え付けようとします。人前では素の自分を見せることができず、本心を隠し、つややかな仮面をかぶったような状態になります。物質的な価値観を持ち、現在の社会でステータスと見なされるものを、自分を膨らませる道具として使います。経済力や学歴、家柄、所有物、知り合いの実力者や有名人の名前などを持ち出し、それらと自分を関連付けることによって、自己の価値を上げようとします。競争相手に勝てない場合、その人物のことを周りの人間がネガティブな印象を持つように仕向けることすらやってのける場合があります。

タイプ３にとって、ＳＮＳ（ソーシャルネットワーク）上の自己紹介などは、自分の経歴を実際以上に盛ってみせるといった虚栄の囚われが強くなりそうなツールです。その一方で、虚栄心にとらわれると、他人から本当の自分を見透かされることがとても恐くなるでしょう。そのため、人と真に親しく交わることができにくくなります。

美徳　真正・本物

タイプ３の美徳は真正、また本物であることです。タイプ３の中から、誠実さとまがい物ではない真の姿が浮かび上がってきます。また、囚われから解放されたタイプ３には真の自信からくる輝きがあり、物事の真の価値を見抜く目が備わっています。

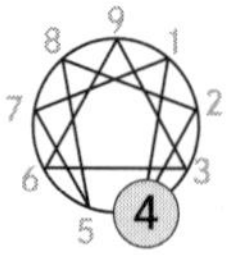

〔タイプ4〕個性を求める人

自分が欲しいと思うものを持っている相手や、自分に欠けているものを持っていると思われる相手に向かう暗く激しい情念。

感情の囚われ（パッション）　妬み

タイプ4のパッションは妬みです。その妬みは、自分がそうありたいと望んでいるような、しかし、いまの自分はまだそうなれていない才能のある人などに向けられることがあります。また、その人の存在が、自分に欠けているものを否応なく思い起こさせるような人が、妬みの対象になることもあります。例えば、当初は仲の良かった友人が、自分より早くに実力を発揮するチャンスをつかんだ、素敵なパートナーを得て幸せそうにしている、自分よりみんなからちやほやされている……。そういったことが妬みにつながるかもしれません。場合によっては逆境にある友人に対して、その悲劇的な運命にすら、妬みの感情がうごめくことがあり得ます。

妬みの感情に駆られたタイプ４は、その対象となる相手を無視しようとすることがあります。それまで、同じ目標を持って励まし合ってきた友人に対し、あるときから口も利かなくなるような態度です。

妬みは憧れや羨望とは異なる感情です。憧れは自分の手の届かないところにいる人に対するポジティブな感情です。羨望というのも憧れと似ていますが、もう少し切実に感じる羨《うらや》ましさです。

妬みの場合は、自分があずかるべきはずの幸福を、また運命を、自分ではない誰かが得ているようなときに生じる情念です。自分にないものではあるけれど、まったくないわけではなく、自分も届きそうなのに届かない、その才能や幸福を持っている相手を妬むのです。

ですから、タイプ４の妬みは、わりあい近しい人物に向けられることが多いのです。妬みを向ける相手は、職場の関係かもしれません。親友や家族のうちの誰かということもあり得ます。兄弟姉妹の場合もあれば、母親が年ごろの娘に対して抱く妬みもあるのです。

美徳　バランスの取れた感情

タイプ４の美徳は、バランスの取れた感情（情緒の豊かさ）です。タイプ４が感情的な囚われから解放されると、自らが翻弄されるような感情の波は静まり、表面は凪いだ海のような深い情緒性と、感情の豊かさという美徳が浮かび上がってきます。

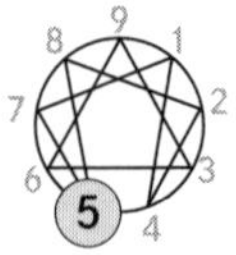

〔タイプ5〕観察する人

感情の囚われ（パッション）　溜め込み

人に分け与えない。知識や情報を抱え込み、他者との温かい心の交流を避け、自分自身の中に引きこもる。

タイプ5は9つのタイプのうちでもっとも、人から離れていることを好み、孤独を愛するタイプです。ユングの内向・外向尺度で言えば、もっとも内向的な人々です。

タイプ5の溜め込みは、自分の持っているものを人と分かち合おうとせず、自分の中に抱え込んでいるような状態です。それはモノを溜め込む傾向として表れる場合もあるし、自分の世界に引きこもり、他者とのコミュニケーションを図ろうとしないところにも表れます。

タイプ5が感情的な囚われに入ると、人とともに過ごす時間さえも惜しみます。たとえ周りの人々に有益なことであっても、自分が持っている知識や情報を自ら分かち合うようなことはしません。それは例えば、知っていることでも聞かれない限り自分からは教えないといった態度として表れます。

もちろん、タイプ5の人に愛情や親切心がないわけではありません。しかし、感情的な囚われの状態に入ると、頭の中のバーチャルな世界に引きこもり、言葉少なく、他人に対して冷淡な感じになります。自分自身は他人に期待せず、自給自足的に少ないものでやっていこうとします。

タイプ5の溜め込みは、インプットはするがアウトプットをしないというふうにとらえてもいいかもしれません。

美徳　無執着

タイプ5の美徳は、無執着（無欲）です。お金や地位、名誉、その他の何ものにもとらわれず、ただ真理のみを追い求める人。無欲な人。それがタイプ5の無執着の姿です。何ものにも執着しないからこそ、真理の探究が可能になるのではないでしょうか。仏教的な無執着と、タイプ5の美徳である無執着には関連があるとも言われています。

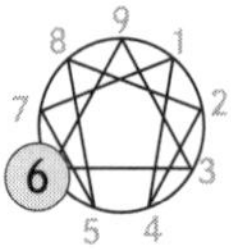

〔タイプ6〕信頼を求める人

頭の中の漠然とした不安が、何らかの対象と結びつき、その対象が自分を脅かすと感じる。自分の中の恐れを他人に投影する。もっとも恐れていた結果を引き起こす。

感情の囚われ（パッション）　恐れ

タイプ6は、9つのタイプのうちでもっとも不安に駆られやすいタイプです。まだ起きてもいない事柄について、あれこれ思いを巡らせ、たいていは悪いほうに考えます。しかも、頭の中の空想はこれで安心というところに着地せず、不安は具体的な恐れにつながり、その恐れていたことを現実に引き起こしてしまうということすらあり得るのです。

例えば、丸木橋を渡るとしましょう。そのとき、タイプ6が考えるのは、「落ちたらどうしよう」ということかもしれません。「落ちたらどうしよう」「落ちたらどうしよう」と思いながら丸木橋の上を渡っていると、その思いは現実に思っている事態を引き起こし、本当に落ちてしまうかもしれないのです。

すると、タイプ6の中では、「ああ、やっぱり」「やっぱり落ちた」ということになってしまいます。自分で最悪の事態を予言し、その予言通りになってしまうわけです。

人に対しては、苦手意識を持つと、相手が自分を脅かす人物のように思えてくることがあります。自分の恐れを相手に投影してしまうのです。例えば、自分が所属しているグループや組織に新しい人が入ってきたとき、その人物によって自分のこれまでのポジションが脅かされるのではないかという不安が生じたとします。タイプ6が感情的な囚われに入ると、その人に友好的に近づこうとはしないでしょう。それどころか、その人があたかも危険人物であるかのように周りの人に印象付け、その人物を排除しようとするといったこともしかねません。

しかし、それは相手からの反感を招き、友好的に接していれば良い関係が結べたかもしれない相手に嫌われ、かえって自分が恐れていたような結果を引き起こすかもしれないのです。

美徳　勇気

タイプ6の美徳は、勇気です。タイプ6が囚われから解放されると勇敢に行動する人になります。例えば、災害に遭った人を自らの危険をも顧みず救助に向かう人々、消防隊員やハイパーレスキュー隊の隊員などの行動に、勇敢かつ組織的な働きができるタイプ6の勇気を見ることができるでしょう。

〔タイプ7〕熱中する人

あれもこれもを欲する。ひとつのものを手に入れたら、すぐまた次のものが欲しくなり、永遠に満足するということがない。それはモノに限らず、経験にも及ぶ。

感情の囚われ（パッション）　貪欲《どんよく》

あれも欲しい、これも欲しい。あれもしたい、これもやりたい。求めるものはきりがないといった状態。タイプ7の中にはよく衝動買いをする人がいます。欲しくなったら、いますぐ手に入れないではいられないのです。タイプ7は欲しいものと必要なものの区別がつきにくいといった傾向があります。

タイプ7が感情の囚われに入ると、人生を楽しいものにしてくれるようなイベントやさまざまな体験を求め、行きたいところにはどこにでも顔を出し、ハイテンションで夜通し遊ぶなど、節操なく行動します。機会を失いたくないのです。自分を幸福にしてくれそうなものは何でも手に入れようとします。

次々と新しいモノや体験を手に入れても、タイプ7は満足するということがなく、まだ手に入れていないもののほうがもっといいものに違いないと思い、またそれに手を出すものの、それを得たとたんに、また次のものが欲しくなるといったように、心の奥のほうでは欲求不満がくすぶり続けているのです。

それはまるで、食べても食べても満たされず、食べれば食べるほど飢えていくような状態に例えられます。タイプ7は楽天的なタイプですが、その内面にはどこまでいっても満たされない飢えと乾きがあるのです。このような囚われが貪欲と呼ばれます。

美徳　明澄さ

タイプ7の美徳は頭の中の落ち着き、明澄さです。タイプ7が感情的な囚われから解放されると、頭の中は静まり、物事を見通すことのできる透明性を帯びてきます。タイプ7の美徳を表すもとの言葉は、酔いから覚めたときの「しらふ」（sobriety）からきています。

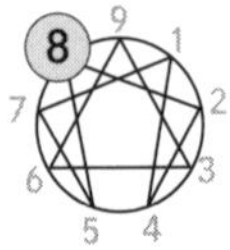

〔タイプ8〕挑戦する人

限界まで相手を追い詰める。容赦なく、とことん打ちのめす。自分の力を誇示し、対象を支配しようとする過剰な欲望。

感情の囚われ（パッション）　肉欲

タイプ8はすべてを自分でコントロールしたいという欲求があります。何につけ物事は全力でやろうとします。しかし、そのエネルギーは過剰で、限界までいこうとし、ごり押し、力づくになることがあります。

対人関係において、タイプ8は他者に対して挑戦的で、人を自分の支配下に置こうとし、とことん追い詰めるところがあります。追い詰めて自分の意に従わせようとするのです。追い詰められた者は、その強烈なエネルギーに脅かされ、まるで凌辱されたような屈辱感を感じさせられることすらあり得ます。

それゆえ、タイプ8のパッションを日本語では「欲望」と訳している人もいますが、ここではあえて「肉欲」と訳しておきました。

もっとも、感情の囚われとしての肉欲は、性的な欲求を意味するものではなく、そのエネルギーの質について名付けているものです。それは支配欲でもあり、過剰な、度が過ぎたやり方なのです。

美徳　**無邪気**

タイプ8の美徳は無邪気（純真さ）です。感情的な囚われから解放されたタイプ8には、子どものような無邪気さがあります。

〔タイプ9〕平和を好む人

感情の囚われ（パッション）　**怠惰**

当然なすべきことを行わない。怠り。とりわけ自分を成長させようとする取り組みをしない。精神的怠惰。

怠惰というと、怠けているとか、家でごろ寝しながら、ぼんやりテレビでも見ているような姿が思い浮かぶかもしれません。たしかに、タイプ9は安楽な暮らしを好みます。しかし、感情の囚われとしての怠惰は、そういったことを意味しているのではありません。

タイプ9は精神的な自己成長という面において、当然なすべきことをしようとしない傾向があります。できるはずのことにも挑戦しようとせず、最初から「やってもしょうがない」「がんばる気がしない」「気力がわかない」「やってもやらなくても同じだろう」といったあきらめの態度を示すことがあります。

他人が積極的に物事に取り組み、がんばっている姿を見ても、「よくやるよ、なんであんなにがんばれるのかねえ」と言うだけで自分は何もしないような状態です。人づきあいでは葛藤をさけるために、適当に人に合わせ、どっちつかずの返事をするようなことがありますが、それは後々問題を引き起こすことにもなりかねません。

また、どんなこともたいしたことはないと物事を過小評価することで、自分が何もしないでいられる理由にできます。怠惰の囚われは、エネルギー切れのような自己感覚をもたらし、無気力へと向かわせます。

美徳　行動・つながり

タイプ9の美徳は「行動」です。リソ＆ハドソンは「つながり」を挙げています。タイプ

9が怠惰という囚われから解放されれば、行動に結びついていくでしょう。また、本来のタイプ9は、人と人、人と自然、意識と無意識など、切り離して考えられてきたものを、ひとつの大きなつながりの中で見ることのできる人です。

コラム1

エニアグラムと砂漠の修道士

オスカー・イチャーソがエニアグラム図の上に配置した9つのタイプの囚われは、とくにカトリックグループにおいて、「罪の傾向」として説明されています。罪（sin）とは神から離れる傾向を意味しています。

カトリックグループの解釈では、9つのタイプにおける罪の傾向のうち、7つは聖書に記された「7つの大罪」から来ているとされていました。

エニアグラム研究家の一人、『エニアグラム――キリスト教的見方』“Enneagram: A Christian Perspective”の著者リチャード・ロア（Richard Rohr）は、その初版において、「エニアグラムはスーフィーに由来するのではなく、少なくとも砂漠の修道士までさかのぼる」と述べています。そこに名前が挙がっているのが、エウァグリオス・ポンティコスです。

砂漠の修道士（隠修士）は、3世紀から4世紀にかけて、エジプトやシリアの荒れ地で自ら厳しい修行を重ね、霊性（スピリチュアリティ）の探求を行った人々です。

現代では占いなどでもスピリチュアルという言葉がよく使われていますが、その言葉はもともと霊性を意味するスピリチュアリティから来ており、霊性とは「超越性ないしは超越者との間に結ばれる関係性を示すもの」を意味しています。

エウァグリオス・ポンティコスはキリスト教の教父（著述家）で、エジプトの砂漠で長い間修行生活を送り、『修行論』を著しました。キリスト教神学の研究は、初期教父に課せられた責務でした。彼らはギリシャ哲学の影響を受け、当時の新プラトン主義的な用語を駆使して、キリスト教の真理を記述しようとしました。その根底にあるのは、祈りや行いによって、神との交わりをいかにして遂げるかということであり、それこそが霊性的と呼ばれるものなのです。

エウァグリオス・ポンティコスは、『修行論』において、隠修士が修行中に遭遇する8つの悪しき想念を分析しています。その8つを取り出してみると、貪欲、淫蕩、金銭欲、悲嘆、怒り、嫌気、虚栄心、傲慢となっています。当時の修道士の表現では、その背後に「悪魔の誘惑」があるわけですが、この悪しき霊による誘惑という神話的な表現のもとには、超越者との間に結ばれる関係性と人間の深層心理についての深い洞察がなされています。

キリスト教の西方教会、とくにカトリック教会においては、「7つの大罪」として、高慢、貪欲、妬み、怒り、色欲（肉欲）、強欲、怠惰の7つが挙げられています。エニアグラムには、そういった砂漠の修道士の洞察なども組み込まれているのです。

コラム2

プロティノスの「一者」の流出説

エニアグラムは、古代ギリシャ思想、とくにプラトンやネオプラトニズム（新プラトン派）の思想の影響を受けていると言われています。新プラトン主義は、プラトン（紀元前427～紀元前347年）哲学を受け継ぐもので、プロティノス（205～270）に始まるとされています。

プラトンは超自然的原理を「イデア」と呼び、イデア界を想定しました。自然の世界はその模像であり、イデア界をモデルに作られたもので、イデア界こそ真実在であり、自然界はイデアを映し出す影のようなものと考えたのです。プラトン哲学にはさらに、それ以前のギリシャ思想、とくにピタゴラス派の考え方が影響していると考えられています。

プロティノスは、プラトンの永遠に変わることのない超自然のイデア界と、その模像である生成変化する自然の世界という思想を発展させ、存在の多層的な階層を想定しました。

プロティノスは、万有の始原を「一なる者」とし、あらゆる被造物が一者からの流出によって産み出されると説いています。「一者」は、絶え間なく湧き上がり、あふれる泉のように産み出し続けます。これが「一者の流出説」です。

プロティノスによると、万物は「一者」から産み出されることになります。「一者」は万物に先立つものであり、万物を生み出す力（デュナーミス）によって、上から下へと、不断に流れ出します。より完全なものから、より不完全なものへ、より劣ったものへと流れ出します。

プロティノスは「一者」は本来名付けようのないもの、その特徴を人間の理性では説明するのできないものと考えていました。

「一者」が最初に産み出すのは知性（ヌース）です。「知性」は一者から流れ出て、一者を振り返り「見る」働きがあります。「見る」働きが知性です。

「知性」からは「魂（プシュケー）」という自然原理が出てきます。魂は知性から出ているがゆえに知性的です。魂はその他の被造物へと下降していきます。

プロティノスは、すべての被造物に魂が宿っていると考えています。魂は、宇宙全体やその中の人間、動物・植物・石などあらゆる存在に働くと考えたのです。

では、「一者」はどうして自分のうちにとどまっていないで、万物を流出し続けるのでしょうか？

プロティノスは太陽に例えてこう説明します。太陽の周辺には輝かしい光が見られるが、太陽自体は静止したままで、しかもそこから不断に光が産み出されている。そのように、「一者」は自らをまったく減らすことなく、自らの外に向かって光を放つ、と。

人間は魂と身体（物質的なもの）からなる存在です。個々人の魂は、存在の段階秩序において、神と動物の中間的なところにあるものです。個別の魂は肉体を管理するために下方に流れるが、ある部分は上方にとどまると考えられています。

この「一者の流出」の考え方からすると、肉体の中に魂があるのではなく、肉体は魂の内にあると言えます。

「一者」の流出は、知性、魂、魂と肉体を持つ人間、動物、植物、無機物へと下っていきます。それは神から離れ、より人間的、動物的、より物質的なものへと下降していく流れです。

「神的なもの」との合一――魂の還帰

「一者」の流出から、この流れを逆にたどれば、究極的には「一者」にたどりつくことになります。魂の身体への下降という下方への流れから、上方へと向かう上昇の可能性が出てくるのです。

「一者」から流出したわたしたちの、自己の内なる魂は、自らの出自とその真価を忘れていると考えられます。自らがどこから来たのか想起する必要があります。

わたしたちが「自己とは何か?」「人間とは何か?」と問うとき、それは自らの魂がどこから来たのかを問うことになります。

プロティノスによると、それが「一者」の探究の発端であり、その問いを持ち続け、問い続けることとは、「一者との合一」という最終目的を目指すことにつながるというわけです。

人は獣として生きることも、神的知性として生きることもできる。魂の内にはすでに知性が宿っていると考えられています。神的知性はそれを得ようとするのではなく、そこへと向かって還っていく、還帰することになります。

最終目的は、魂の本来のあり方に従って生きるということであり、それは「神に似ること」であるとも言えます。

個々人の魂は固定したものではなく、「一者」から発し下降したものであるとともに、一者へと向かい上昇していくもの、一者に還帰し得るものととらえられます。

自分自身を超えて、「一者との合一」を目指す。これがプロティノスの神秘主義的思想です。

筆者は大学一年のとき、このプロティノスの思想に出会いました。当時はこのような思想はなかなか理解しがたく、それでいて何か強い印象を残し、常に記憶の底にしまわれていました。エニアグラムと出会って、再びプロティノスの名が出てきたことに不思議なはからいを感じたものです。

神的なものから流出した魂が、自らの出自を忘れ堕落していく、その過程を筆者自身もたどっていたような気がしました。より高次のものとのつながりを忘れていた……。

こういった思想は分析的な思考に慣れた人には、なかなか受け入れがたいかもしれませんが、自らの生きる意味について、魂がどこからきて、どこへ行こうとしているのかと思いをはせたとき、何かより高いものの息吹を感じ、自らの魂が下降ではなく上昇へと向かっていくことが可能だと知れば、それまでとは何かしら、生き方への取り組みが違ってくるかもしれません。

グルジェフにおいても、この宇宙を絶対的なものから流出していくシステムのようなものとしてとらえる考え方があったようです。プロティノスの表現だと「一者」と呼ばれる絶対者から、あらゆるものが下降する流れの中で段階的に生み出されていく。人間もまた宇宙の法則によって動かされており、わたしたち自身が宇宙を映し出しているという意味で、大宇宙に対する小宇宙です。神秘的なシンボルとしてのエニアグラム図は、この宇宙の法則を映し出すとともに、小宇宙であるわたしたち自身をも映し出していると言えるのです。

第4章

本能・感情・思考

——3つのセンターの機能

各センターの機能とタイプ別の特徴

「知情意」という言葉があります。この場合の「知」は頭の知性、すなわち思考能力を表しています。頭で考え、理解する能力です。「情」は人の気持ちや感情を汲み取り、思いやり、表現する能力です。これは感情の知性で、人とのコミュニケーションには欠かせない能力です。そして「意」は意志の力であり、決断力や実行力とも関係する能力です。これら3つの知性は、エニアグラムでは、それぞれに身体の部位と対応する形で、思考センター（中枢）、感情センター（中枢）、本能センター（中枢）と関連する精神機能として説明されます。

　本能センターは腹（ガッツ）、感情センターは胸（ハート）、思考センターは頭（ヘッド）に対応しています。このセンターの考え方には、グルジェフの思想が反映しており、リソ&ハドソンのエニアグラムの中にも取り入れられています。諸センターの関係を分かりやすいように図にまとめてみましょう。

〈本能・感情・思考　３つのセンターの性質〉

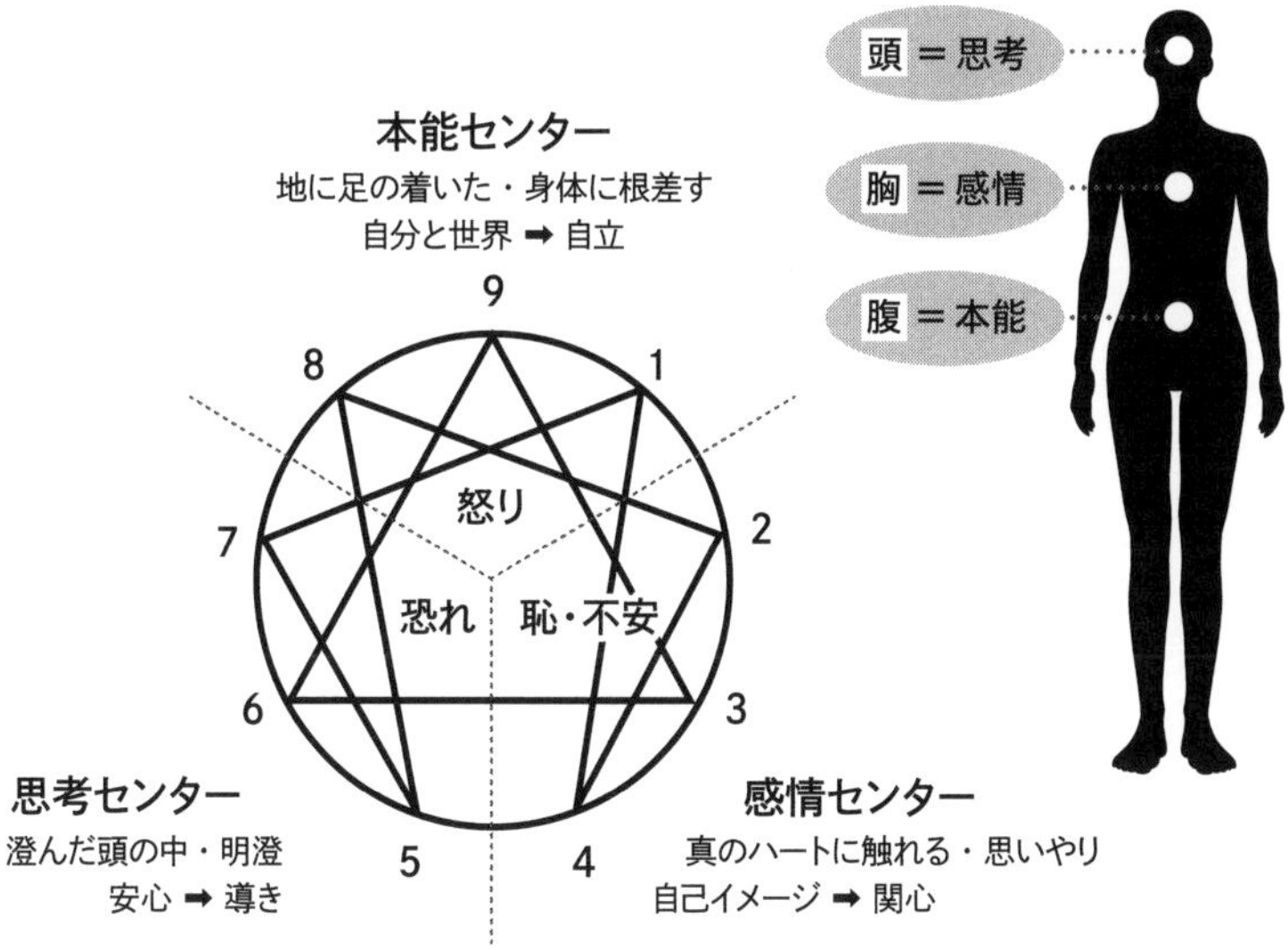

〈各センターの呼び方〉

グルジェフの呼び方	現在用いられている呼び名
動作センター（MOVING INSTINCT CENTER）	本能センター、ガッツセンター
感情センター（EMOTIONAL CENTER）	感情センター、ハートセンター
知性センター（INTELIGENTAL CENTER）	思考センター、ヘッドセンター

※これらの上に、より高次の感情センター、知性センターがあるのですが、それについてはまた後の章でご紹介します。

これら3つの精神機能の働きを理解すれば、自分のタイプを見つける手掛かりが得られるでしょう。もちろん、どのタイプであれ、これら3つの精神機能が働いているのですが、タイプによってとくに関連深い機能があります。その違いを知ることで、自分の傾向を理解し、タイプを見分けることもできるでしょう。それぞれのセンターの特徴と、同じセンターの中でもタイプによる違いを挙げてみました。

本能センターの特徴――タイプ8・1・9

本能センターは身体センターと呼ばれることもあります。身体の知性は自分が存在しているという感覚を与えてくれます。しかし、自分が存在していると感じ始めると、人は世界に対して抵抗を感じるようになります。

本能センターのタイプの共通点は、自分が〝ここにいる〟ということと、自分と世界（環境）との関係において、自分の身体の境界が世界との境界と感じられる点にあります。しかし、個々人が実際、それを意識しているかどうかは分かりません。

本能センターのタイプは、自立を求めています。この人たちを突き動かしているのは腹のエネルギーです。意志の力で行動するには、このエネルギーが必要です。「腹が座っている」という言葉がありますが、腹のエネルギー（臍下丹田といわれるところ）が統制されていると、しっかりといまここに根付くことができます。

本能センターはガッツセンターと呼ばれることもあります。ガッツ（guts）とは胃腸、はらわたです。腹のエネルギーがもつれると、怒りが湧いてきます。

本能センターの各タイプの水面下にある感情は〝怒り〟です。このセンターの人たちは腹の底に怒りを抱えています。その怒りは一種のエネルギーであり、身体感覚によってとらえられます。

タイプ9を真ん中に、両サイドのタイプ8とタイプ1が本能センターのタイプです。

〔タイプ8〕怒りを発散する

タイプ8は、自分の怒りを露わにすることを恐れません。腹が立てばすぐ怒り、怒れば「自分は怒っている」という態度を示します。タイプ8の人が怒っていると、周りは「怖い」と感じますが、この人たちの怒りは、それほど後をひきません。

〔タイプ1〕怒りを抑圧する

タイプ1は怒りをコントロールしようとします。腹が立っても、「怒ってはならない」と思い、自分でその怒りを抑制しようとします。しかし、それで怒りそのものが消えてなくなるわけではありません。タイプ1の人にとっては、それがイライラとなって表出します。本人は、口では「自分は怒っていない」と言いながら、握り拳を固くし、歯を食いしばっているような状態になっていることがあります。

〔タイプ9〕怒りを切り離す

タイプ9は本能センターの真ん中に位置するタイプです。タイプ9は自分の中の怒りになかなか気づきません。たとえ、怒りを感じても、それを自覚するまでに時間がかかります。腹が立っているときと、「自分は怒っている」と自覚したときとの間にはタイムラグがあるのです。「あのとき怒っていたみたい」と自覚するのが、一週間後だったり、一カ月後だったりすることもあります。何年か経ってから、「いまから思えば、あのときは腹が立ったなあ」と述懐する人もいます。

タイプ9は本能センターのタイプで、本来はガッツがあり底力のある人なのですが、自分ではエネルギー不足と感じやすく、「電池切れ」のように思い込んでいることがあります。

また、自分を思考センターのタイプ5や感情センターのタイプ4と間違えることがあります。どちらも対人態度から見た分類では、自分の世界に退却する傾向のある遊離型です。

感情センターの特徴――タイプ2・4・3

感情センターは、ハートセンターと呼ばれることもあります。感情センターの人々にとっては、自分の気持ちに触れる、他人と気持ちを通わせる、情緒的なものを味わうといったことがとても大切です。感情のバランスが取れていると、豊かな感情を表現することができ、他人の気持ちを思いやり、共感的に寄り添うことができます。

感情センターの人々は、自分は誰かという、自己のアイデンティティにまつわるテーマを抱えています。

感情センターの各タイプは、自己イメージを大事にするイメージコンシャスな人々です。彼（彼女）らは、自分自身について、そこはかとない恥の感覚を抱いています。自らのアイデンティティ、つまり自分らしさの感覚に揺らぎがあります。恥の感覚と同時に、自分が周りからそのイメージ通りに見られているかどうか、不安を感じることがあります。

感情センターのタイプは、他者から自分がどう見られるかを気にする傾向があり、他者からの関心や注目を（ひそかに）求めています。感情センターの人々にとって、他人は自分を映す鏡でもあるわけです。

タイプ３を中心に、両サイドのタイプ２とタイプ４が感情センターのタイプです。

〔タイプ２〕「いい人」であろうとする

タイプ２は、自分は「いい人」「善人である」という自己イメージを持っています。そして、自分の中の肯定的な感情を表現しようとします。周りの人が何を必要としているのかということについて敏感です。それが他者への思いやりや気配りとなって表れます。人には笑顔を向けます。

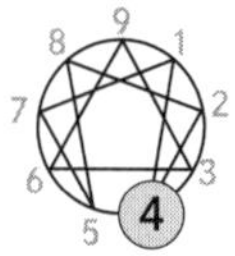

〔タイプ4〕自分を特別な人間と見なす

タイプ4は、自分の内面の感情の揺れ動きに敏感です。抑うつ的な気分にとらわれやすく、よく「落ち込む」とか「傷ついた」と言っています。少しマイナーな気分でいるときが、自分らしいと感じられるようです。ときに自分自身の感情や気分の波に巻き込まれることがあります。自分は他の人とは違う、ちょっと変かもしれない、何か特別なところがあるという自己イメージを持っています。

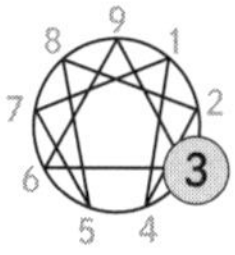

〔タイプ3〕価値ある人間であろうとする

タイプ3は価値ある人間であろうとします。タイプ3は「目標を達成する人」「成功を求める人」と呼ばれますが、社会的に有能で魅力があり、周りから評価され、認められている人間が価値のある人ということになります。タイプ3は自己の価値を高めるために、仕事などでの成功を目指します。

目標を達成し、成功するためには、効率よく働かねばなりません。いちいち自分の内にある繊細な感情に触れていては、効率よく動くことはできません。そこで、タイプ3の人は自分の中の（とくにマイナスの）感情を切り離し、行動する人であろうとするのです。それがこのタイプの人を「テキパキした」行動に向かわせます。

思考センターの特徴――タイプ5・7・6

思考とは頭の中（mind）の働きであり、思考センターの各タイプは、世界を頭の中の思考を介してとらえようとします。頭の中の思考は現実には起きていない事柄や未来に向かっているものであり、それは不可知なものであるため、漠然とした不安や恐れのようなものがつきまといます。思考センターの人々の中には、常に何らかの不安を抱えているような人もいます。

頭の中が静まれば、クリアな思考が働き、閃きやインスピレーションが降りてくることもあるでしょう。思考空間はあらゆる可能性に開かれています。

ただ、頭の中の思考はリアリティから離れ、非現実的な世界や妄想的な世界にはまり込みやすい傾向があります。

思考センターの人々が無意識のうちに求めているのは、自分がどこへ行こうとしているのか、その道を示してくれるような導きです。人とは限りません。人生の導き、ガイダンスを求めています。

タイプ6を中心に両サイドのタイプ5とタイプ7が思考センターです。

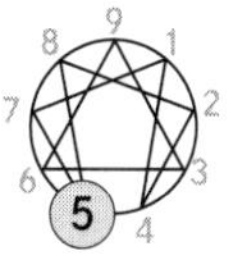

〔タイプ5〕知識や情報を集める

タイプ5は「考える人」と呼ばれることがあります。「考える」ということは、思考回路、あるいは思考のプロセスをたどって、物事を認識するということです。そうすると、人が本当に頭の中の思考を介して考えているときには、囲碁や将棋をやっている人のように「じっくり考える」ことになり、結論が出るまでには時間がかかります。人は本当に考えているときには、すぐに行動に移れるものではありません。

こういった思考というものの特徴を把握しておかないと、自分はよく頭を使っているから、知的な仕事をしているからタイプ5だと判断してしまうことにもなりかねません。エニアグラムの9つのタイプの特徴を知ると、実際にそのタイプではない人が、自分をタイプ5だと見なす（見誤る）ケースは、他のタイプのケースよりも多いように思えます。

タイプ5の人は、抽象的な言葉をよく使います。抽象的とは、個々のモノや事柄から、共通のものを抜き出して一般化した表現です。これも思考の特徴です。抽象化された表現は、当然ながら具体性に欠けているので、他人には分かりにくいものになります。

タイプ5の人は不安を解消するために、知識や情報を集め、自分の頭の中の思考空間に引きこもり、考えようとする傾向があります。「知る」ことで見通しを立て、安心を得ようとするわけです。

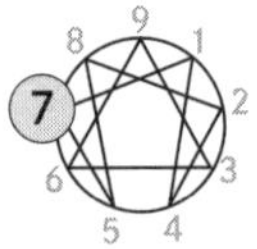

〔タイプ7〕未来の明るい可能性に期待する

タイプ7の場合は、思考が行動と結びついていきます。身体が動くよりも先に、頭の中の思考が速く回ります。タイプ7の人が「頭の回転が速い」といわれるゆえんです。タイプ7の早口は頭の回転の速さを表しています。いまこの場所にいながら先のことを考えていることが多いので、「計画倒れ」「アイデア倒れ」ということも起きやすくなります。

タイプ7は頭の中の不安を解消するために、先の明るい見通しに賭け、ポジティブに物事をとらえようとします。

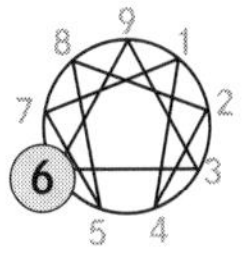

【タイプ6】何か頼れるもの、導きを求める

タイプ6は思考センターの真ん中にありながら、ふだんはあまり自分が頭の中の思考を介して物事をとらえていることを意識していません。

タイプ6の人は自分をタイプ2やタイプ4と間違えることがよくあります。「自分はいつも気を使っているし、気配りもしている。他人の気持ちにも敏感で、相手の気持ちを思いやるところがある」という理由から、自分を感情センターのタイプとみなすことになるのでしょう。

タイプ6はタイプ7とは逆に、物事のネガティブな面について考える傾向があります。未来の起こり得るマイナスの可能性に意識が向かいがちです。そうなると不安も強まります。

タイプ6はその不安を解消するために、何か頼れるものを求めます。それに従っていれば、自分が安心安全でいられるような何か、それは組織や団体、権威のある個人、何らかの信念・信条、規範・ルールといったものかもしれません。

センターが同じだと互いに理解しやすい面がある

同じセンターの人はタイプが違っても、どこか通じ合うところがあります。人とのコミュニケーションで、ノンバーバルな、つまり非言語的な部分で、お互いに分かりやすいと感じるのは同じセンターの人である場合が多いです。

「腹を割って話そう」というのは、本能センターの言葉、「胸襟を開いて」「胸を開いて話そう」「気持ちの触れ合いこそ大事だ」「本当の気持ちを伝えよう」というのは、感情センターの言葉、「意味が分からない」「どういう意味」「納得できない」などは、思考センターの人が感覚的に分かりやすく、よく使われる言葉といえるでしょう。

センターの機能が適切に働かない場合

　3つのセンターは、わたしたち一人ひとりの中で同時に働いています。ひとつのセンターの機能が働けば、それと絡んで別のセンターも働きます。

　しかし、人はセンターの機能を適切に使えていない、というのが、グルジェフから受け継がれてきたとらえ方です。わたしたちが日常の意識状態にいるときには、本来のセンターとうまくつながっていないというのです。

　そのことについてグルジェフは、わたしたちの状態を〝主人が留守をしていて使用人ばかりの無秩序な屋敷〟に例えています。使用人たちはこの屋敷の中で、それぞれが自分の本来の受け持ちではない仕事をてんでばらばらにやっている。例えば、料理人が運転士をし、運転士が庭仕事をしている。庭師はメイドのような仕事をしており、メイドが料理人の仕事をしているというふうに、本来の仕事ではないことをやっている。その結果、屋敷の中は混乱し、混とんとした状態になってしまっているというわけです。

　その混乱を収めるためには、それぞれが自分の持ち場に戻らなければなりません。それがセンターの機能とのつながりを取り戻すということです。センターの機能が適切に働くこと

〈プライマリータイプ〉

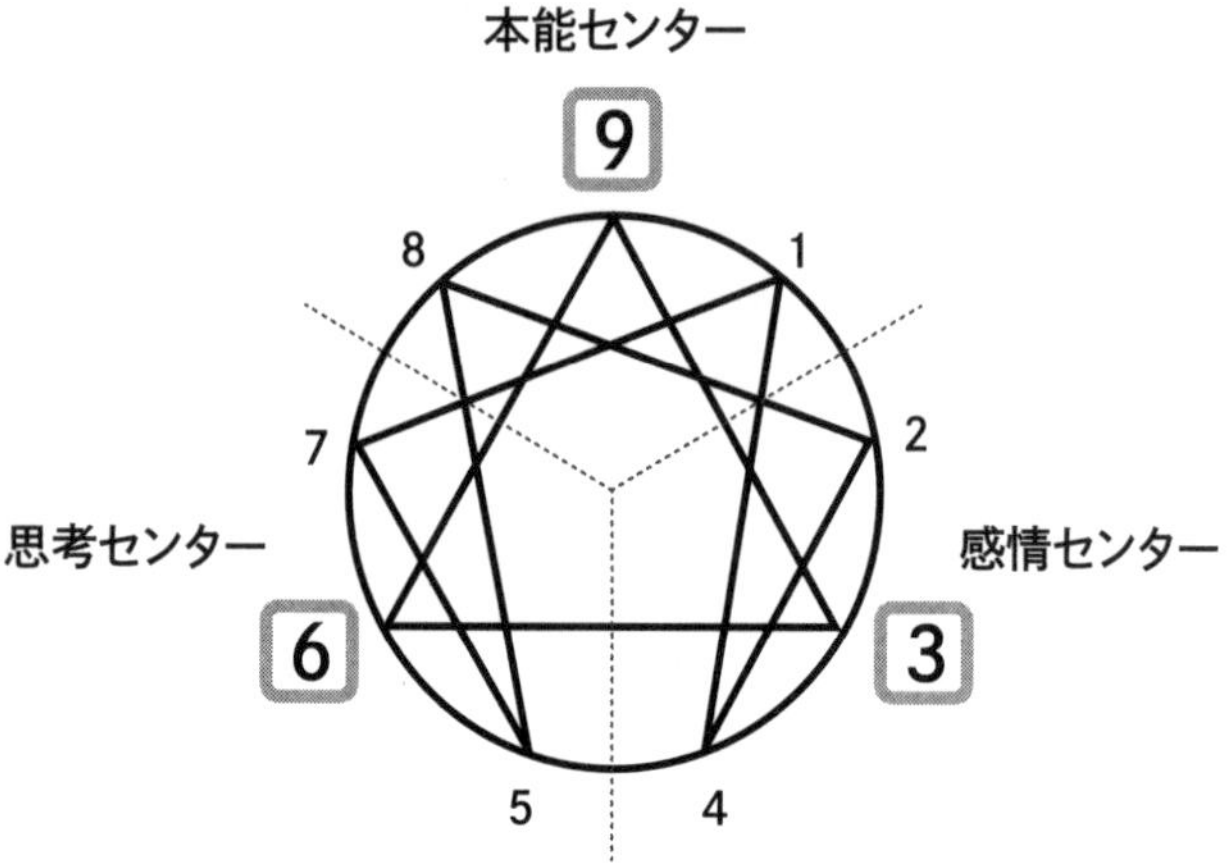

によって、主人が戻ってくる、つまり、わたしたちは自分自身の主人になれるというのです。

センターの機能の使い方において、各タイプがどのようにバランスを欠いているかということについて説明していきたいと思います。図の上での位置関係に着目してください。

図の上で正三角形の頂点にあるタイプ3、タイプ6、タイプ9は四角で囲んでおきました。この3つのタイプは他と違って、それぞれのセンターの真ん中に位置しています。この3つは「プライマリータイプ」と呼ばれています。これらのタイプは自分のセンターの機能を切り離しているというか、ふだんそのセンターの機能を使えていません。

センターの機能が適切に働かない場合のタイプ3・タイプ6・タイプ9の特徴

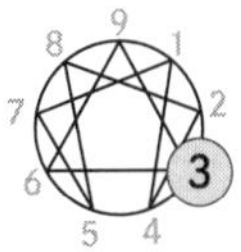

〔タイプ3〕感情を切り離し、機能的に動く

タイプ3は感情センターの真ん中に位置しています。本来は感情（ハート）のエネルギーとつながっているはずです。理想の自己イメージを持ち、物事を達成しようとします。しかし、感情センターでありながら感情の機能をあまり使わず、代わりに本能センターと思考センターの機能を使っていることが多いのです。そのため、タイプ3は自分が感情センターのタイプであるということに気づかず、自分を思考センターのタイプだと見誤ることがあります。

タイプ3は何事も効率よく成し遂げようとします。そのためには自分の感情をまじえず、理性的に行動したほうがいいわけです。自分の感情を味わっていると、機能的に行動することができません。感情は目標達成や成功のための邪魔になります。

けれども、タイプ3はもともと感情センターのタイプなので、自分の感情を感じ始めることがあります。そうすると、思考がうまく働かず、テキパキと行動できなくなり、無気力になって引きこもってしまう場合があります。

そうなると、自分の内面の感情に触れないまま、今度はなるべく早く合理的な行動の人に戻ろうとするでしょう。

タイプ3にとっては、自分の中の真の感情と触れ合い、感情センターとのつながりを取り戻すことが必要になってきます。さもないと再び自分を機械のように働かせてしまうことになりかねません。

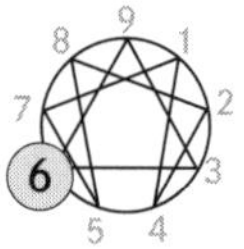

〔タイプ6〕思考を切り離し、義務的に動く

タイプ6は思考センターの真ん中に位置しています。本来は思考のエネルギーとつながっていて、周りで起きていることやその場の状況などいろんなことを把握しているはずです。しかし、思考センターのタイプでありながら思考の機能をあまり使わず、代わりに本能センターと感情センターの機能を使っていることが多いのです。そのため、タイプ6は自分が思考センターのタイプであるということになかなか気づかない場合があります。

タイプ6の中には規則やマニュアルに忠実で、何でもお手本通りにやろうとする人がいます。職場などでは、自分の裁量に任せられるよりも、義務に忠実に、また上からの指示に従うほうがやりやすいでしょう。

タイプ6は自分で考え始めると、頭の中に不安が湧き起こってきます。頭の中の思考は恐れをかき立てるような空想や妄想の世界に入り込んでいきます。そして、ますます不安は高まり、適切さを欠いた無意味な行動に駆り立てられる場合があります。

タイプ6は不安と雑念を鎮め、頭の中を静める必要があります。そうすることによって、本来の思考機能が適切に働き始めるでしょう。

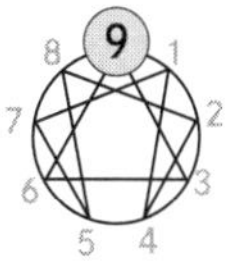

〔タイプ9〕身体から離れ、空想の中にいる

タイプ9は本能センターの真ん中に位置しています。本来は本能のエネルギーとつながっていて、地に足が着き、居心地よくいられるはずです。しかし、本能の機能を使う代わりに、ふだんは感情センターと思考センターの機能を同時に使っていることが多いのです。そのため、タイプ9は自分が本能センターのタイプであるということに気づきにくい場合があります。

タイプ9はその場にいても、心ここにあらずの状態のときがあります。頭の中では心地よい空想の世界に浸っています。そのとき、思考と感情は機能していますが、本能センターの機能は使われていないので、身体は動いていません。とはいえ、タイプ9は思考と感情を区別するのがむずかしく、感じていることと考えていることの区別がつきにくい人です。

行動をうながすのは本能センターの機能ですが、タイプ9が行動に移ったときは、今度は思考と感情の機能が働いておらず、ただ何も考えず、何も感じようとしないで、ロボットのようにルーティンワークをこなすだけといった状態になりかねません。

タイプ9にとっては、本能のエネルギーと思考や感情を結びつけ、行動すると同時に自らの思考と感情を働かせるということが必要になってきます。

残りの6点を結ぶ線上にあるタイプ1・2・4・5・7・8の特徴

次に残りの6つのタイプについて、センターの使い方を図の上での位置関係から説明していきましょう。これらのタイプは、自分のセンターとその隣にあるセンターの機能とが混じり合った使い方をしています。あるいは、隣にあるセンターの機能によってあおられているような感じでしょうか。

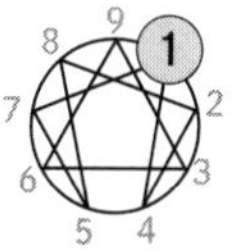

〔タイプ1〕怒りという感情が行動を駆り立てる

タイプ1は本能センターのタイプで、図の上では感情センターの隣に位置しています。本来は本能のエネルギーとつながっていて、地に足の着いた状態で一貫した行動をとる人です。しかし、隣の感情センターのエネルギーを巻き込んでしまうことがあります。本能的な行動が感情によってあおられるようになるのです。

タイプ1は、日常では落ち着いているように見えるかもしれませんが、感情によって行動があおられ、何らかの行動に駆り立てられているところがあります。「しなければならない」ことがあり、「そうしないと気がすまない」ことがたくさんあります。例えば、「部屋が散らかっている」と思うと、すぐに掃除を始め、「住民の意向を無視するような行政は許せない」と思うと、反対運動を始めようとするかもしれません。

その原動力となっているのは往々にして怒りの感情です。怒りという感情が何らかの行動に駆り立てるのです。

タイプ1は怒りの感情を鎮め、心を落ち着かせなければなりません。感情に駆り立てられることなく、心の中が静まれば、思考センターの機能が働き始め、柔軟な考え方ができるようになるでしょう。

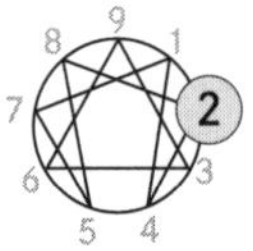

〔タイプ2〕善き感情が行動に駆り立てる

タイプ2は感情センターのタイプで、本能センターの隣に位置しています。本来は感情（ハート）のエネルギーとつながっていて、愛と思いやりのある人です。ともすると、感情が行動に直結しやすいタイプです。感情と本能の機能はわりあい使いやすいのですが、本能センターのタイプ1と同じく、思考センターからは離れたところにあります。

タイプ2は感情にあおられて行動します。例えば、人が困っていると感じたら、すぐその人のところに駆けつけ手を差し伸べることができるでしょう。それはタイプ2の強みでもある一方、必ずしも適切な行動につながっていないという場合もあり得るのです。

また、タイプ2の感情は、「あの人、どうしているかしら？」と思うとすぐ、相手に電話をかけたり、その人のところに出向いたりと、他人に向けられていることが多いものです。他者の本能的なニーズを満たすために動く一方、自分のことはうまくケアできず、例えば甘いものを食べ過ぎたり、タバコやアルコールなど嗜好品に依存するということもあり得ます。

タイプ2は感情をすぐに行動に移すのではなく、感情とともにいることも必要になってきます。頭の中を静め、自分自身の心の奥深くにある感情に触れてみます。そうすると、いま何が必要とされているのか、どうするべきなのか、また自分は何を必要としているのかが分かるのではないでしょうか。

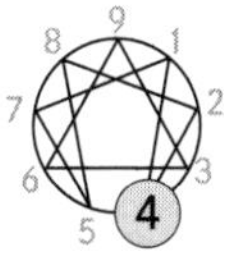

【タイプ4】より強い感情を味わうために思考を使う

タイプ4は感情センターのタイプで、思考センターの隣に位置しています。本来は感情（ハート）のエネルギーとつながっていて、繊細に感情を味わい表現します。しかし、自分の中の感情を味わうために思考を働かせます。

タイプ4は、自分がどんなふうに感じているかを考えようとします。より強い感情を味わうために、頭の中の空想の世界へ引きこもっていきます。例えば、ロマンチックなものやエロチックなもの、自分が悲劇の主人公であるような物語に憧れ、空想の中で想像力を駆使して、気分を高揚させていくかもしれません。不幸な巡り合わせや愛する人との別れ、死すべき運命など、悲劇的な物語は、より内面の感情を強めてくれるお好みのストーリーかもしれません。

タイプ4は本能センターとのつながりを意識することが必要です。なぜなら空想の中に引きこもっているときには、本能センターの機能が働いていません。気分のままに過ごし、睡眠時間や食生活など、基本的な生活パターンが不規則になる傾向があるからです。

自分の身体に意識を向け、身体に根差す自分を感じる必要があります。

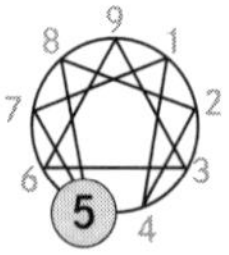

【タイプ5】感情を使い、より刺激的な思考を働かせる

タイプ5は思考センターのタイプで、感情センターの隣に位置しています。本来は思考のエネルギーとつながっていて、知的で明晰な頭脳を働かせます。しかし、より刺激的な考えを持つために感情を使うことがあります。感情で思考をあおり、自分の考えていることをより強く味わおうとし、ますます空想的な世界へと引きこもっていきます。

タイプ5はとくに、現実から遊離したバーチャルな世界へとのめり込んでいく傾向があります。荒唐無稽なアイデアが湧いてきたり、ゴシックホラーやSF的な世界にのめり込み、アニメやゲームなどに夢中になることがあります。そうして、頭の中はますます活性化するのですが、本能の機能が使えていないと、身体は引きこもった状態になります。人との関わりを持たず、睡眠、食事、入浴など基本的な生活がおろそかになり、健康面などにも配慮しなくなってしまうことがあります。

タイプ5もタイプ4と同様、身体に意識を向ける必要があります。本能センターの機能を働かせなければなりません。本能の機能が適切に働いていないと、身体感覚が鈍くなり、思考は現実離れのした妄想のようなものになってしまいます。

〔タイプ7〕思考が行動を追い越して先を行く

タイプ7は思考センターのタイプで、本能センターの隣に位置しています。本来は思考センターの機能が働き、さまざまなアイデアや素晴らしい考えが浮かんできます。しかし、ともすると本能のエネルギーにあおられ、頭の中の考えをすぐ行動に移そうとします。思考と本能の機能を使っている一方、感情センターからは離れたところにあり、感情の機能はあまり使っていません。

タイプ7はその場にじっとしていられず、常に先のことを考えながら行動しています。じっとしていると不安になり（しかし、本人は不安とは感じていないのですが）、何もしない状態ではいられません。頭の回転が非常に早く、行動を追い越していってしまうので、何かをしていてもすでに他のことを考えているような状態になります。そのため、目の前のことに集中できず、注意散漫になりがちです。

タイプ7は、頭の中に浮かんでくることをすぐ行動に移そうとするのではなく、思考と行動をいったん切り離したほうがいいでしょう。頭の中の考えは考えとして、身体は動かずにそこにいるということ。身体がそこにいられれば、ひとつのことに集中できるようになり、頭の中の考えは地に足の着いたものとなっていくでしょう。

タイプ7は自分の感情に触れようとせず、他人の気持ちにもわりあい無頓着です。静かにそこにいることができるようになれば、感情センターも開かれてくることでしょう。

【タイプ8】本能的ニーズについて思考を働かせる

タイプ8は本能センターのタイプで、思考センターの隣に位置しています。エネルギッシュでバイタリティがあり、本来は本能センターのエネルギーとつながっています。しかし、ともすると、本能的なエネルギーと思考のエネルギーが混じり合ってしまうことがあります。

タイプ8は、自分では考えているつもりですが、考えていることの中身の多くは、本能的なニーズを満たすことに関連します。それは、仕事や自分が置かれている状況に関しての、生き延びるための戦略であったり、直接行動に結びつくことが多いでしょう。

そのときは、タイプ7と同様、感情センターの機能はあまり働かせていません。タイプ8は他人の感情に無頓着になり、自分の感情にすら冷淡になることがあります。そのとき、思考は必ずしも適切に機能しているとはいいがたく、人のためにも自分のためにもならない愚かな選択をしてしまうことすらあるかもしれません。

タイプ8は未開発な感情の機能にフォーカスすることが必要でしょう。自分自身の繊細さに、いたわりの気持ちとやさしさを向けることです。自分自身に対して繊細でやさしくなければ、他者を受け入れることもできないでしょう。

コラム

グルジェフと第4の道

本能・感情・思考の3つのセンターへの取り組みに関して、グルジェフは「第4の道」について語っています。

古代の人々は、人知を超えた神の意志や宇宙を中心に物事をとらえていました。そして、神に近づく道として、霊的な修行の道や悟りを得るための方法などが考えられ、実践されてきました。グルジェフによれば、それにはこれまで歴史上に現れた3つの道があった、というよりは3つの道しかなかった、ということです。彼はそれを第1の道、第2の道、第3の道と呼んでいます。

第1の道――ファキールの道

ファキールの道とは、肉体との闘いの道で、本能センターに働きかけるものです。昔から身体的な苦行を行う人々がいました。彼らは自分の身体を鞭打ったり、硬い石の上で寝たり、自らの肉体を責めさいなむことで、肉体に対する意志と力を発達させようと努めました。

この第1の道は普通の生活を捨てていかなければ実践できません。世俗の生活を捨て、家庭を持つことや家族と一緒に暮らすことをあきらめ、職業を持たず、すべてを捨てて、行かなければなりません。それは誰にでもできることではありません。第一の道は、限られた人にしか開かれていません。

また、第1の道では他の機能、感情や知性が未発達のまま残ることになります。たとえ意志は獲得できたとしても、それを適用する対象を持たず、知識にもならず、自己完成のために活用することもできないということです。

第2の道 ―― モンク（僧侶）の道

これは修道僧の道であり、信仰の道です。宗教的感情と宗教的犠牲を伴い、自分の感情を信仰にゆだねる宗教的な愛の世界です。この道は感情センターに働きかけ、ハートの変容を目指すものです。たえず祈り、神をたたえ、決まった日課を信仰のためにささげる、僧侶や尼僧のような生活がそれです。

これも、普通の生活をしていたらできません。出家をし、お寺や修道院など、そういうところでの生活となります。在家であってもほとんど、神にささげる生活ということになるでしょう。通常の仕事や生活をしながらこのような生活を送るのは誰にでもできることではありません。

また、この第2の道では、肉体と思考能力が未発達のままだとグルジェフは言っています。

第3の道——ヨーギの道

これは知識の道、精神の道です。これは思考センターに働きかける道です。頭の中を静かにし、瞑想の世界に入ります。仏教の禅の修行などがそういったものになります。全人生をかけて悟りを得ようとするわけです。この道も世俗の生活を送っているとむずかしいものです。ヨーギの道は師を必要としています。

また、ヨーギの道では、肉体と感情は未発達のままになってしまいます。虚弱なヨーギは、すべてを知っているが何ひとつすることができないということになってしまいます。

第4の道——ずるい人間の道

しかし、グルジェフは第4の隠れた道があると言います。

第4の道は、砂漠への隠遁も生計の道を放棄することも要求しないものです。第4の道はファキールや修道僧やヨーギの道を始めるより簡単だとグルジェフは言います。それは普通の生活状態にとどまり、普通の仕事を続け、それまでの交友関係を保ち、何ひとつ放棄したり手放したりせずにこの道に従っていくことができるというものだからです。

この第4の道の特徴は、先の3つの道のように、思考・感情・本能のどれかひとつのセンターに集中するのではなく、すべてのセンターに働きかけるものとなります。

第4の道では肉体に働きかけながら同時に精神（思考）と感情に働きかけ、精神（思考）に働きかけながら肉体と感情に働きかけ、感情に働きかけながら精神と肉体に働きかけることになります。これは3つのセンターに同時に働きかけます（ここでは「精神」とは思考センターを指します）。

それはずるい人の道とも呼ばれています。ずるい人の道は、先の3つの道のように世俗の生活を捨てなくてもやっていける道だからです。日常生活を送りながら、世界のどんな場所にいようと、歩むことのできる道ですが、隠れているので、周りの人にはその人が第4の道を歩んでいるとは分からないものなのです。

この第4の道では、そのときわたしたちが抱えている人生の問題そのものが修行になるとグルジェフは言っています。

さらに、グルジェフはこんなふうにも言っています。

「第4の道は常にあるわけではない。ある特定の時期に現れ、一人の人間が成長していくときに、それが人類全体にも影響し、地球全体も進化していく」。

この言葉をどう受け止めるかは、読者の判断にまかせますが、コロナ禍を体験したのちも、不穏な世界情勢の下で困難な時代を生きなければならないわたしたちにとって、それは何か大きな意味があるとも考えられるのではないでしょうか。

※参考：P・D・ウスペンスキー著、浅井雅志訳『奇蹟を求めて』平河出版社。ウスペンスキーはグルジェフの弟子だったジャーナリスト。彼がグルジェフから聞いたことを記述しているという形の本です。

『性格のタイプ』という本との出会いから始まったエニアグラムの探求ですが、筆者にとっては、それはまさにこの第4の道への取り組みのように思えます。普通の生活をしながら、より高次の生き方を求め、精神的な進化発展を目指し、スピリチュアルな自己成長の道を求めて歩もうとしている人々の道です。

第5章

性格の健全度について

性格と人格

エニアグラムで「性格」というとき、それは英語のpersonalityの訳です。しかし、英語のpersonalityは日本語では「人格」と訳されていることがあります。

日本語で「性格」というと、おとなしいとか、明るいとか、まじめとか、気性が激しいとか、そういった特徴を思い浮かべる人が多いでしょう。それに対して、「人格」という言葉は、その人の人柄や人間性そのものと受け止められ、あの人は人間的に素晴らしい人だとか、尊敬できる人だとか、逆に、あの人は人格者ぶっているけど人間的には尊敬できない、といったふうに使われます。

性格の違いというものは、その人の個性につながっています。どんな性格がいいとか悪いとか、望ましいとか望ましくない、優れているとか劣っているという比較は、性格に対する何らかのバイアスがかかった価値観に基づく評価にほかなりません。どのような性格であれ、その性格の良さや強みがあり、またその性格ゆえの囚われや弱点があるものです。

同じような性格の人でも、その人の人格という点でいえば、たいていの人からその人の性格特徴も知った上で、「あの人は尊敬できる」「素晴らしい人だ」「いい人だ」と評価される

〈性格の健全度（意識のレベル）〉

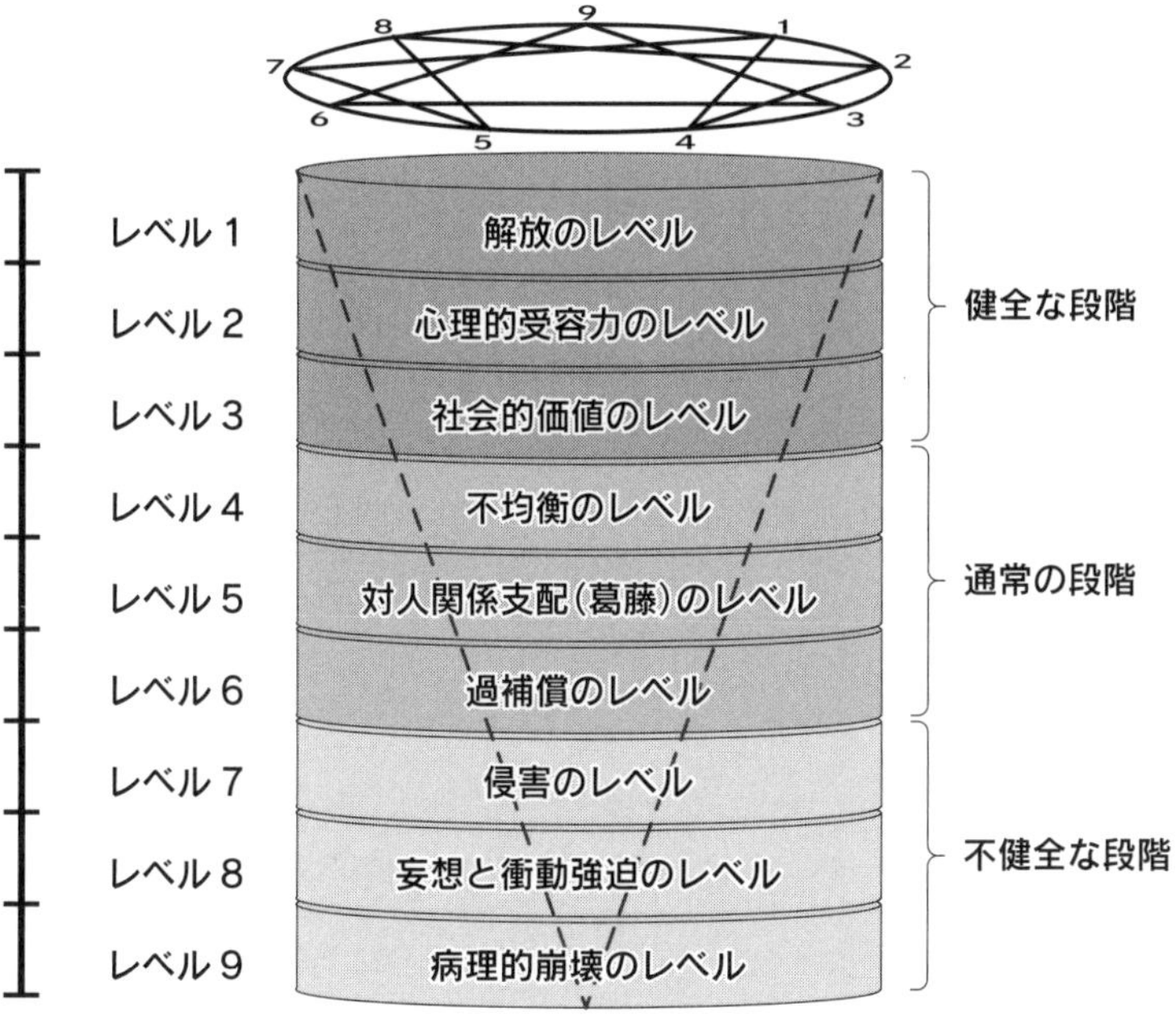

（リソ＆ハドソンによる）

人物もいれば、その人と性格的には似ていたとしても、周りの人がみな「あの人はちょっと……」と敬遠しているような人物もいるものです。また、どこへ行っても他人とトラブルを起こしやすい人もいるでしょう。

この「性格」と「人格」の関連については、リソ＆ハドソンの性格の健全度についての理論が大いに参考になります。健全度のレベルは性格の垂直構造を明らかにするもので、健全な段階・通常の段階・不健全な段階と大きく3つの段階に分けられています。各段階はさらに3つの段階に区分されるので、健全度はもっとも健全な段階をレベル1とし、もっとも不健全な段階をレベル9とする9段階に分類されることになります。

前ページの図が性格の健全度を表す、意識のレベル【発達の諸段階】と名付けられたその図です。

健全度の諸段階

健全度＝意識のレベルは、人が自らの性格構造とどれだけ一体化（同一化）しているかを明らかにするものです。タイプは生まれ持ってのものですが、健全度は生まれてからきわめて初期の親子関係や他の環境要因など、後天的なものが非常に大きな影響を及ぼすと考えられています。

リソ＆ハドソンは、性格タイプのエニアグラムが広く一般に知られるようになるにつれ、従来のエニアグラムのタイプについての説明では、健全度がばらばらなタイプが一律に論じられたり、健全度について考慮されていなかったためにタイプの混乱が起きていることに気づきました。

特定のタイプについては健全度の高い人の特徴について語り、別のタイプについては健全度の低い人の特徴について語ると、あたかもより望ましいタイプとそうでないタイプ、有能なタイプや魅力的なタイプとそうでないタイプが存在するかのような印象を与えかねません。例えば、一人のエニアグラム教師が、あるタイプについてはきわめて健全な段階の特徴を語り、別のタイプについては健全度が低い段階の特徴を語っていたとしたら、受け取る側のタイプについての認識が歪んでしまいます。

性格そのものには善いも悪いもなく、優れているとか劣っているというものでもなく、神の目から見れば人はみな等しい存在であるように、等しいのです。ただ、性格には健全度の幅があるということです。

健全度の指標は、同じタイプと思われるにもかかわらず、かなり違って見える人がいるのはなぜか、同じ人の中でも状態が良いときとそうでないときがあるように見えるのはなぜか、といった疑問に対する説明にもなっています。

次に、リソ＆ハドソンがまとめた健全度の諸段階について簡単にご紹介しておきます。

〈健全度の諸段階〉

健全な段階	レベル 1 解放のレベル	根源的な恐れと欲求から解放された状態。スピリチュアルな本質という、より高い意識段階に向かうための入り口。
	レベル 2 心理的受容力のレベル	「自分はこういう人間だ」という自己イメージが生じる。
	レベル 3 社会的価値のレベル	「自分はこういう人間だ」という自己イメージと行動が一致している。社会的にもよく適応し、誰が見ても人間的に素晴らしい人に見える。
通常の段階	レベル 4 不均衡のレベル	自分はこういうものでなければならないという考えが起きてくる。そのやり方のみでやろうとし、他のやり方が意識から消える（「自分はこういう人だから」）。社会的にはわりあいうまく機能している。
	レベル 5 対人関係コントロールのレベル	「自分はこうだ」と信じる自己イメージを他人に押し付けようとする。その性格特有のやり方で、周りの人や環境をコントロールしようとし始める。自我肥大が生じ、ネガティブな特徴が目立つようになる。このレベル以下は、より自己中心的になってくる。
	レベル 6 過補償のレベル	自分はこうだということを、より無意識的に行動化し、人に押し付けようとする。自我肥大が最大限に達する。自分が人にされたくないことを人にする。他人との葛藤が増大する。
不健全な段階	レベル 7 侵害のレベル	機能不全に陥る。社会生活が困難になる。自分や他人に害を与える。
	レベル 8 妄想と強迫的行動のレベル	普通の生活が送れなくなる。現実との接点を失い始める。
	レベル 9 病理的破壊のレベル	完全に病理的。自我構造が保てなくなる。

（リソ＆ハドソンによる）

健全度のレベルが上下するメカニズム

健全・通常・不健全の段階では、質的な差があると考えられています。

健全な段階では、どのタイプの人も性格の囚われが少なく、社会に適応でき、自分の持っている能力をフルに生かすことができるでしょう。自らが人とトラブルを起こすことはなく、自己実現的な生き方に向かっていくと考えられます。

もっとも、社会的に成功している人が必ずしも、健全なレベルにいるというわけではありません。例えば、何らかの仕事や活動で成功し、高い地位にある人や世界中で名の知れているような有名人・著名人、また人の上に立つ指導者の中にも、健全度の高い人から、きわめて不健全なレベルにいると思われる人物がいるのではないでしょうか。

レベル１からレベル３までの健全な段階は、各タイプのかなり理想的な人格を表しているように思われます。レベル３にいれば、周りの人から「あの人は素晴らしい人だ、模範になる人だ」と賞賛されるような存在かもしれません。

実際のところ、たいていの人はレベル４からレベル６の通常の段階にいるとされています。

対人関係の葛藤というのは、この通常のレベルで生じるわけです。

また、通常の段階にいる人でもレベル４とレベル６ではかなり違って見えるでしょう。レベルが下がるほど、自らの根源的恐れが浮上し、その恐れを他人に植え付けようとする心理的メカニズムが働きます。

さらに、レベルが下がると、精神的にバランスを欠いた状態になり、情緒的に不安定で、適切な行動がとれなくなり、ストレスや困難にうまく対応できなくなっていきます。

リソ&ハドソンによると、個人の健全度はホームベースとなっているレベルがあり、そのレベルを起点としながら、その時々の状態によって一定の幅を一時的に上がり下がりするものと考えられています。相当大きなショックやストレスがない限り、極端にレベルが下がることはなく、また一気にレベルが上がるということもありません。

不健全なレベルにいる人は、幼少期にきわめて困難な時期を過ごし、精神的にトラウマを抱えているような人がほとんどだと言われています。このレベルにある人には精神科の医師やカウンセラーなど専門家の援助が必要になってきます。

通常の段階にいる人は、よほどのことがない限り、不健全な段階に落ちることはありません。例えば、失恋や離婚、失業、経済的な問題などで極端なストレス状態に陥った場合など、一時的にレベル7の段階に陥ることはあっても、もとのホームベースである通常のレベルへと戻れるでしょう。

通常の段階で一時的にレベルが上がるような状態とは、自分の人生でとても幸福に感じられるようなことを体験したとき、あるいは、完全に精神が集中した状態で何かに没頭しているようなとき、いわゆる忘我の境地で、フロー体験とか至高体験と呼ばれるような状態を経験したときです。しかし、その状態は一時的なもので、再び日常に戻れば、通常の段階のなじみ深いレベルに戻るでしょう。

健全度を上げるためには、自分自身を内観し、前の章で挙げた思考・感情・本能の3つのセンターに意識を向けるなど、実践的な取り組みが必要になってきます。

健全度のレベルは、人がどれだけ自分の性格と同一化しているかを知る基準となるものです。どれだけ、自己防衛的になっているか、心が閉じているか、あるいは自由に開かれているかを示す指標となるものです。

しかし、人はどのレベルで機能していようと、自分は健全な段階にいると思い込みがちです。わたしたちは理想化された自己イメージを持ち、その自己イメージ通りに扱われないと、その自分を人に押し付けようとします。そこで対人関係の葛藤が生じることになります。

健全度のレベルが高いことと、本人の気分がいいということは同じではありません。例えば、自分はいつも幸せだ、暗い気持ちになどなったことがないという人が、健全度が高いというのではありません。本人はいつも上機嫌であったとしても、口ではたとえ「すべてに感謝している」と言っていたとしても、必ずしもその人の健全度が高いとは言えないのです。

レベル1からレベル9にかけて、図の内側に引かれた線は逆向きの二等辺三角形を表しています。これは健全度のレベルが下がるにつれて、意識が狭まっているということを表しています。それはリアリティとつながっていないということであり、自分を客観的に見ることができないということでもあります。不健全な段階においては、妄想世界に入っています。

筆者が思うには、健全な段階にいる人は、意識の底まで見渡せるだろうということです。例えば、自分は他人を恨んだことがあり、その人がいなくなってしまえばいいと思ったこともあるという人がいたとします。また、自分の中には暗い衝動が渦巻いているという人がいたとします。

その一方で、自分は何の悩みもなく、とても幸せで、心の底から人を愛し、すべての苦しみから解放されており、日々明るい気持ちで過ごしているという人がいたとします。そのどちらの人が自分の内面を深く観察することができる人でしょうか？　意識のレベルが高い人は、現実における苦しみやさまざまな葛藤を、そんなものはないものとして意識の外に押しやるのではなく、その苦しみや葛藤すらも受け入れるキャパシティを持ち、それらを含みつつ超えていける人ではないでしょうか。もちろん、自分が幸せで、何の悩みもなく、明るい気持ちで過ごせるなら、それはいいことですが、そう思うことによって意識の奥底にある感情にフタをし、そこに触れようとしないのだとしたら、真の感情に触れようとせず避けているのだとしたら、それは意識のレベルが高いとは言えないだろうということです。

人としての深さは、意識のレベルと関係しています。困難な状況のさなかにも、心の落ち着きを保ち、現実にしっかりと関わっていることが、スピリチュアルな自己成長を助けることになります。

黄金の法則・鉛の法則

リソ＆ハドソンの性格の健全度に関する理論の中で、「鉛の法則 leaden rule」と名付けられた法則があります。これは「黄金の法則（黄金律）golden rule」の真逆を意味しています。

黄金の法則（黄金律）とは、「自分がしてほしいことを人にもせよ」というあらゆる宗教の根幹にある教えです。キリスト教では、イエスの教えとして「人にしてもらいたいと思うことは何でも、あなた方も人にしなさい」（マタイによる福音書7章12節、ルカによる福音書6章31節）と記されています。これは「隣人愛」に基づくもので、「隣人愛」とは「神への愛」にほかなりません。

しかし、健全度が下がるにつれ、「人は自分がしてほしくないことを人にするようになる」というのです。自分の中の恐れを他人に植え付けようとするわけです。

各タイプの鉛の法則を挙げておきましょう。健全度のレベルが下がっているとき、その人が他人に対して押し付けようとすることは、その人自身のもっともしてほしくないことを表していると考えられます。

〈各タイプの鉛の法則〉

【タイプ1】他人が間違っていて、堕落し、欠陥があるところを指摘する。

【タイプ2】他人に愛されるに値しない、また関心を受けるに値しないと感じさせる。

【タイプ3】他人を横柄に扱い、軽蔑することで、無価値だと思わせる。

【タイプ4】他人を、取るに足りず、個人として存在する意味がないかのように軽蔑的に扱う。

【タイプ5】他人に、無力で、無能で、愚かで、役に立たないと感じさせる。

【タイプ6】他人を支えるシステムを揺るがせ、何らかの方法で孤立させようとする。

【タイプ7】他人に痛みを引き起こし、さまざまな方法で欠乏感を味わわせる。

【タイプ８】他人を威嚇することで、傷つけられ、コントロールされると感じさせる。
【タイプ９】他人に関心を示さなくなることにより、自分とのつながりを失ったと感じさせる。

※９段階の健全度の理論と各タイプの諸段階の特徴について詳しく知りたい方は、リソ＆ハドソン著"The Wisdom of the Enneagram"邦訳『エニアグラム　基礎編』（ドン・リチャード・リソ＆ラス・ハドソン著、高岡よし子＆ティム・マクリーン訳、角川書店）をお読みください。

母親像・父親像に対する愛着パターン

前にも述べたように、性格のタイプは生まれ持ったものと考えられていますが、性格の健全度は生まれてからの初期の親子関係や家庭環境、その他の環境要因など、後天的なものが大きな影響を及ぼすと考えられています。不健全なレベルというのは、例えば、自我が形成されていく時期に、機能不全の家庭に育ち、虐待を受けるなど、何かトラウマとなるような体験をした場合です。子どものころの戦争体験なども、のちの自我の形成に大きく影響するでしょう。

不健全なレベルは、わたしたちがエニアグラムで扱う範囲を超えています。精神科医やカウンセラーなどの専門家のサポートを必要とする領域になってきます。エニアグラムは自己観察を伴う自我への取り組みであり、自我の囚われからの解放を目指しているからです。自我があまりにも脆弱であれば、そこに取り組むのは危険です。

ところで、乳児の愛着に関する研究から、大人になってからの人間関係には、乳児のころの愛着の対象との関係が大きく影響しているということが分かっています。心理学者や精神分析家でなくても、親との関係や生まれ育った環境が自分の生き方や人間関係に影響しているだろうということは容易に理解できると思います。

愛着の対象とは乳児にとっては母親（養育者）であり、母子一体化した状態から、母子分離が進み、自他の区別が生じ、自立する時期になると、父親（保護者）との関係も深層心理に影響することになります。

リソ＆ハドソンは、愛着関係についての精神分析の理論である対象関係論をベースに、9つの性格タイプと愛着の対象との関係について考察しています。

愛着の対象との関係には、執着・欲求不満（フラストレーション）・拒絶という3つの基本的な情動パターンが見られます。

執着とは良い対象との肯定的な結びつきです。赤ん坊が十分におっぱいを与えられ、空腹が満たされている状態。欲しているものがすべて十分に与えられている感じです。

欲求不満とは十分に満たされていないという状態です。与えられてはいたかもしれないが、赤ん坊にとっては、それは必ずしも自分が欲する通りではなかったというところに、欲求不満（フラストレーション）が生じます。

拒絶とは、例えば、空腹のまま放っておかれた状態です。泣いても泣いても誰も来てくれず、赤ん坊はあきらめて、泣き疲れて眠ってしまったかもしれない。愛着の対象から切り離されている感じです。

これら3つの情動パターンは、一人の子どもの中にもあるものですが、タイプによって特徴的な傾向があると考えられています。

この愛着パターンは、大人になってからの人間関係に深く影響します。しかし、自分自身のパターンを意識化できていないと、わたしたちは人生で出会う重要な人との関係において、繰り返し同じような問題を引き起こす可能性があります。たとえ、相手が変わったとしても、繰り返し同じような葛藤を抱えることになりかねません。

この愛着パターンについてのリソ&ハドソンの理論が、各タイプの深層心理を理解するための大きな手掛かりとなることは、筆者が主宰するエニアグラムのワークグループの中でも、幾度となく確認されてきたことです。

〈対象関係のエニアグラム〉

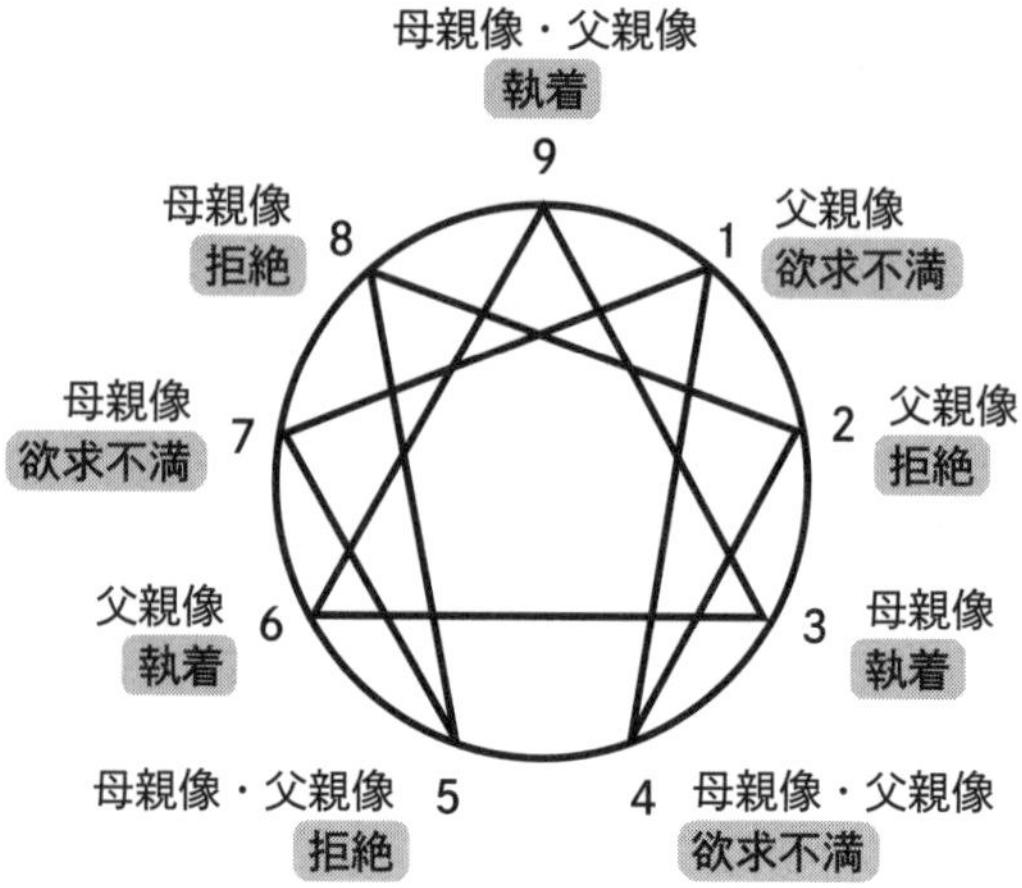

（リソ＆ハドソンによる）

上の図はリソ＆ハドソンによる、各タイプの母親像・父親像に対する愛着パターンを示すエニアグラム図です。

ここでの母親像・父親像というのは、実際の親がどうであったかということではなく、あくまで子どもの側の受け止め方です。子どもの深層意識の中にある母親像・父親像であり、それはアーキタイプ、すなわち原型的なイメージであるといってもいいと思います。

同じ親から生まれ育った兄弟姉妹であっても、母親像・父親像に対する受け止め方は異なります。

各タイプにおける特徴的な傾向を挙げてみましょう。

〔タイプ1〕父親像に対する欲求不満
父親的なものが満足のいくものではない。欲求不満を引き起こされる。

〔タイプ2〕父親像からの拒絶
父親的なものが与えられていない。自分の中に見出せない。

〔タイプ3〕母親像への執着
母親的なものとの肯定的な結びつき。良いイメージ。

〔タイプ4〕父親像・母親像両方に対する欲求不満
両方に満足できない。自分にそぐわない。欲求不満がある。

〔タイプ5〕父親像・母親像両方からの拒絶
両方から切り離されている。どちらにも期待できない。

〔タイプ6〕父親像への執着
父親的なものとの肯定的な結びつき。良いイメージ。

〔タイプ7〕母親像に対する欲求不満
母親的なものが満足のいくものではない。欲求不満を引き起こされる。

〔タイプ8〕母親像からの拒絶

母親的なものが与えられていない。自分の中に見出せない。

〔タイプ9〕父親像・母親像両方への執着

両方との肯定的な結びつき。良いイメージ。

執着のグループ——タイプ3、タイプ6、タイプ9

執着とは、対象との快適で安定した関係を維持しようとする自我の願望です。これらのタイプは、人と肯定的な結びつきを得ようとし、自分の周りの人や状況、地位、環境などへの執着の問題を抱えています。自分にとって良くない対象と結びつくこともあり、またその関係を切り離せないという問題が生じる場合があります。

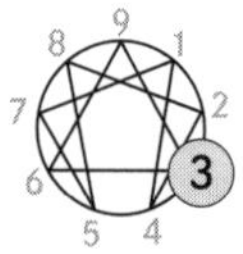

〔タイプ3〕母親像への執着

母親的な存在とのつながりを感じています。タイプ3の子どもはそういう人物を内面化するわけです。「お母さんの期待に添うように」「お母さんを喜ばせるために」がんばり、自分に何かができることによって「お母さん」が幸せになると思うわけです。無意識のレベルで母の理想がタイプ3の中に取り込まれています。

母親的な存在との執着関係は、深いところに根を下ろしているので、タイプ3は自分が本当にやりたいことや、なりたいものが分からなくなることがあります。タイプ3の成功欲求は、母親に褒められたいため、母親の愛を獲得するためにほかならないのです。

ここから生じる人間関係の問題点

人に受け入れられるために、周りがよしとする価値観を受け入れ、肯定的な自己イメージを保とうとし、そのイメージ通りに振る舞うことになります。自分をさらけだすことができず、常に仮面をかぶったような状態で人と付き合うことになりかねません。

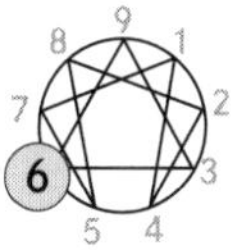

〔タイプ6〕父親像への執着

タイプ6は父親的な存在との肯定的なつながりを感じています。そして、自分が頼ることのできる父親的な権威や導きを求めます。必ずしも実際の父親とは限りません。自分が守られ、安心できるような特定の関係につながろうとするのです。特定の人間関係や社会的状況、グループ、信念など、安全を保障してくれるものとの結びつきを求めます。

たとえ、その関係が良いものでなくても、実際に被害を受けていたとしても、その人間関係や集団などにとどまろうとすることがあります。

導き手が良い対象であれば、タイプ6の子どもは伸びるでしょう。例えば、優れた指導者やコーチについた場合。しかし、良い対象でない場合でも執着があり、なかなか切り離せないという問題を抱えています。

ここから生じる人間関係の問題点

執着の関係は良い悪いどちらにせよ、無意識に繰り返されるものです。タイプ6の場合、頼りになる存在、権威のある人、自分を守り導いてくれる人への、肯定的な感情を伴う結びつきです。それが実際に良き対象であれば、タイプ6は優れたコーチにつくアスリートのように活き活きとして、実力を伸ばせるでしょう。しかし、それがもし本人にとって良き対象でなかった場合、たとえば、権威となるものが良くない組織や人物であった場合でも、そこから離れることは容易ではないかもしれません。また、とくに女性の場合、父親や父親代わりの人が良い親ではなかった場合、恋人やパートナーにもそういう相手を選んでしまう傾向があると言われています。自分にとって、痛みを伴う相手や状況に惹かれてしまうことがあり得るのです。

【タイプ9】母親像・父親像両方への執着

タイプ9は母親像・父親像両方と肯定的に結びついています。両方の親や自分の育ってきた家庭に良いイメージを持っています。そして、快適なところにとどまろうとします。しかし、必ずしも現実には良い親だったかどうかは分かりません。たとえ、両親が家の中で常にけんかをしていたとしても、自分の家庭は何の問題もないと思い、空想の中でそこにいれば心地よく快適でいられる心の中の安全地帯に逃げ込みます。

ここから生じる人間関係の問題点

人間関係の葛藤があると、心地よい世界は崩れてしまうので、できるだけトラブルを起こさないよう、人に合わせて生きるということになります。人に合わせていると、適切に自己主張できなくなってしまいます。とくに「ノー」と言えず、自分にとって必ずしも良い関係でなくても、相手との関係を断ち切ることができません。自分を幸福にしない関係でも、だらだらと続けてしまうことがあり得るのです。

欲求不満のグループ —— タイプ1・タイプ4・タイプ7

欲求不満とは、自分が必要としているものが十分に満たされていないという感覚です。だからイライラします。実際には手に入れているかもしれないが、それには満足できない状態であるとも言えます。たとえ、必要は満たされていたとしても、欲求不満を感じることはあります。そして、十分にフィットしない感じが続くのです。

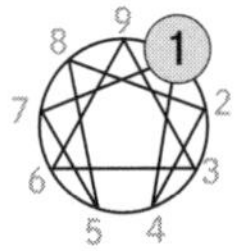

【タイプ1】父親像に対する欲求不満

父親的なものが満足のいくものではなかった、導きが十分でなかったという感覚があります。必ずしも、実際の父親が厳しかったとか、父親との関係が悪かったということではありません。タイプ1の内面には厳しい親のような声が聞こえています。

その声は、親が言っていることより、ずっと厳しいものかもしれません。実際の父親は、それほど厳しくなかったかもしれません。タイプ1の持つ感受性が、そのような親の声を自分の中に取り込むのです。

ここから生じる人間関係の問題点

人に対して批判的になる傾向があります。文句を言いながら人に関わっていこうとします。イライラした感じは人にも伝わり、ときに怒りが伝わってしまうことがあります。そして、他人にもイライラと欲求不満を植え付けてしまう場合があります。

〔タイプ4〕母親像・父親像両方に対する欲求不満

タイプ4は、すべてが自分にそぐわなかったと感じています。両親のどちらも、十分に自分を満足させてくれなかったという感じです。タイプ4の子どもは、家族に対しても、自分はこの家の誰とも似ていない、自分はこの家の子ではないのではないかと感じることがあります。実際の親がどうであったかというよりも、これはタイプ4の子どもの受け止め方がそうなのです。

ここから生じる人間関係の問題点

自分の親は分かってくれなかったが、自分を理解してくれる人や愛してくれる人、サポートしてくれる人がどこかにいるはずと思います。そして、無意識のうちに自分をケアし守ってくれる相手を求めます。現実の相手を理想化し、その相手に期待しますが、パーフェクトに自分を満たしてくれる人は見つからず、相手に失望することになるでしょう。それは相手にも欲求不満を起こさせます。

〔タイプ7〕母親像に対する欲求不満

赤ん坊は母親と一体化したような快適な状態で、必要なものはすべて与えられ、十分にケアされていることで満足を覚えます。しかし、タイプ7は母親のケアが十分でなかったと感じています。母親が実際どうであったかということよりも、タイプ7の子どもの受け止め方が満足のいくものではなかったということです。そこで、タイプ7の子どもは、欲求不満を解消するために、自分で自分を楽しませることを覚えました。お母さんの代わりに自分で自分を満足させてあげようとするのです。

タイプ7の中には、子どものころはハッピーだったが、あるとき突然、母親的ケアが行き届いた状態から切り離された感覚を持っている人や、母親が急に自分に冷たくなったという受け止め方をしている人もいます。

ここから生じる人間関係の問題点

他者が自分の欲求を満たしてくれないと、それに対して不満を抱き、欲求不満が高じます。自分をハッピーにしてくれない相手に対して批判的になり、相手を責める傾向があります。

拒絶のグループ ―― タイプ2、タイプ5、タイプ8

このグループは、自分は拒絶されているという感覚があります。この感覚から自分を守るためにいろんなやり方をします。自分が本当に必要とし求めているものや、自分の中の傷つきやすさを抑圧し、受け入れません。拒絶というのは、拒絶されることへの恐れではなく、すでに拒絶されたという感覚です。自分は他者から拒絶されているように思えます。

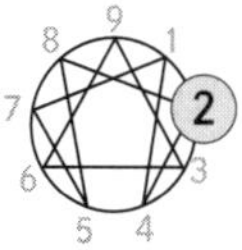

〔タイプ2〕父親的なものからの拒絶

父親的な導きから切り離されている感覚があります。そういうものが自分の中に見出せないので、代わりに母親的なものを膨らませ、やさしさやあたたかさを前面に押し出します。ケアする人となることで、受け入れられようとするわけです。

タイプ2の深層には、自分が母親のような愛を与える人である限り、拒絶されないのではないかという思いがあります。拒絶というのはすでに起こったことであって、これ以上拒絶されないためにそうするのです。自分自身の必要を認めず、拒絶します。自分は何も必要としていない。むしろ、自分は与える側の人間であり、人のために「してあげる」人であろうとします。その深層には、自分が必要とされたいという強い思いがあります。それは、愛されたいという強い欲求です。

ここから生じる人間関係の問題点

本当は自分が愛されたいために、人に尽くすということになります。相手にとってなくてはならない人になろうとし、「わたしがいないと困るでしょう」と、相手を依存させようとすることもあります。タイプ2の場合は、拒絶ということが、タイプ5やタイプ8よりも分かりにくいかもしれません。

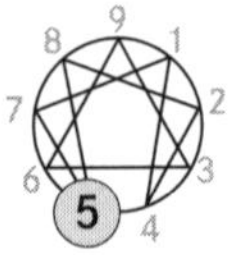

〔タイプ5〕母親像・父親像両方からの拒絶

タイプ5は母親的なケアも父親的な支えも手に入らなかったという感覚があります。実際の親がどうあれ、親から切り離されている感じです。タイプ5の子どもはかなり早い時期から精神的に自立し、自分が必要とするものを親に求めなくなります。

タイプ5は拒絶の痛みを感じないようにするために、自分の感情を自分から切り離しています。人とのつながりを持とうとせず、自分の頭の中の世界に引きこもります。そして、なるべく少ないものでやっていこうとします。大人になってもタイプ5は、本来自分が必要としているものを感じにくいところがあります。

ここから生じる人間関係の問題点

タイプ5は自分から人と関わろうとしません。自分自身が他者との関係を拒絶し、他者から切り離された状態になります。それは他者にタイプ5と関わりようのない感じを与えます。

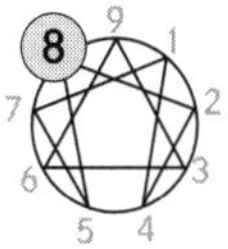

〔タイプ8〕母親像からの拒絶

タイプ8には、母親的なケアが得られなかったという感覚があります。自分の中に、母親的なやさしさやあたたかさを見出せない。つまり、自分の中に愛がない、愛が与えられなかったという感じです。それは実際に母親から愛されなかったというようなことではなく、タイプ8の子どもがそのように受け止めたということです。

タイプ8の子どもは、生きていくためには自分は強くなければならないと感じました。母親的なやさしさやあたたかさの代わりに、父親的なものを膨らませてきたのです。自分が強くて、自分や周りの状況を自分でコントロールできてさえいれば、生きていけるという思いがあります。

ここから生じる人間関係の問題点

タイプ8は、自分の中の無邪気さや繊細さが踏みにじられたという感覚があり、拒絶ということに対して敏感な面があります。さらに拒絶されるのではないかという思いから、自分から人と関わろうとしない面があります。人との関係がすぐ切れてしまう傾向もあります。

第6章

性格タイプのバリエーション

ウイングのサブタイプ

エニアグラムで性格のメカニズムを理解するには、常にシンボル図形の上の位置関係や線の結びつきなどを眺めておく必要があります。このシンボル図形があるからこそ、それぞれのタイプについて直観的に理解できるものがあるからです。

エニアグラムの９つの基本タイプは、その両隣に位置するタイプの影響を受けていると考えられています。両隣にあるタイプはウイングと呼ばれます。タイプ１を例にとると、ウイングはタイプ９とタイプ２になります。タイプ４の場合は、タイプ３とタイプ５がウイングです。

ウイングの違いから、９つのタイプは18のサブタイプに分類されることになります。ウイングの影響は人によって違い、どちらか一方のウイングの影響が強く表れている人もいれば、両隣のウイングの影響が感じられる人もいるし、どちらのウイングの影響もそれほど感じられない人もいます。「感じられる」という言葉を使いましたが、ウイングの影響は自分でそう感じることもあれば、エニアグラムのタイプについて理解している周りの人間から見てそのように感じられるというようなものです。

自分のタイプを見極めたいという人にとって、９つのタイプの説明からはしっくりこなかった性格の傾向が、ウイングに焦点を当てることによって、まるでぴたっと焦点が合ったように浮かび上がってくることがあります。

図の上で隣り合ったタイプのどちらか、迷っているような場合も、ウイングの影響が考えられ、そこからどちらのタイプがベースにあるのかを探っていくことができます。

わたしたちの性格は多様な面があり、そう単純ではありません。心の中には相反する衝動や矛盾する考え、割り切れない思いがあるものです。さまざまな心の葛藤があり、ときにあまり自分らしくないと思える行動が、自分自身を助けることもあるものです。

例えば、筆者のタイプは挑戦する人とか統率する人と呼ばれるタイプ８ですが、自分が人の上に立って人を束ね、統率していく傾向があるとは思えませんでした。わたしはきわめて個人的で、どこにも属さず、単独で行動するのが常でしたし、それに加えて、頭の中ではよく「面白い」ことを考えていました。タイプ８の傾向に加えて、タイプ７的な要素が自分の中にあることを、すでにエニアグラムを知る前から感じていたと言えます。

とはいえ、わたしはタイプ７のように楽観的になり切れず、物事をどちらかというとシリアスにとらえるほうです。タイプ７的な楽観性を容易に表現することができませんでした。

ただ、ライターとしての仕事では、その傾向が一般読者に分かりやすい記事を書く能力に生かされていました。それがウイングの影響だと考えると大いに納得がいきました。

そういった経験からも、わたしはウイングに関しては、適職や適材適所を考える上で役立つのではないかと考えています。

18のサブタイプについての呼び名

ウイングのサブタイプについての呼び名は、ここではリソ&ハドソンのネーミングに準じます。

ウイングの傾向は、各タイプの図の上での位置関係に着目し、これまでに説明した対人態度や本能・感情・思考という3つのセンターにおける共通グループとの比較で見ていくことが、理解の手掛かりになります。

例えば、タイプ1は完全でありたいタイプですが、ウイングが9のタイプ1（1w9）は、タイプ9の「平和を好む人」の持つ傾向を、もう一方のサブタイプより多く併せ持っていることになります。他方、ウイングが2のタイプ1（1w2）は、タイプ2が感情センターで

〈各タイプの適職イメージ〉

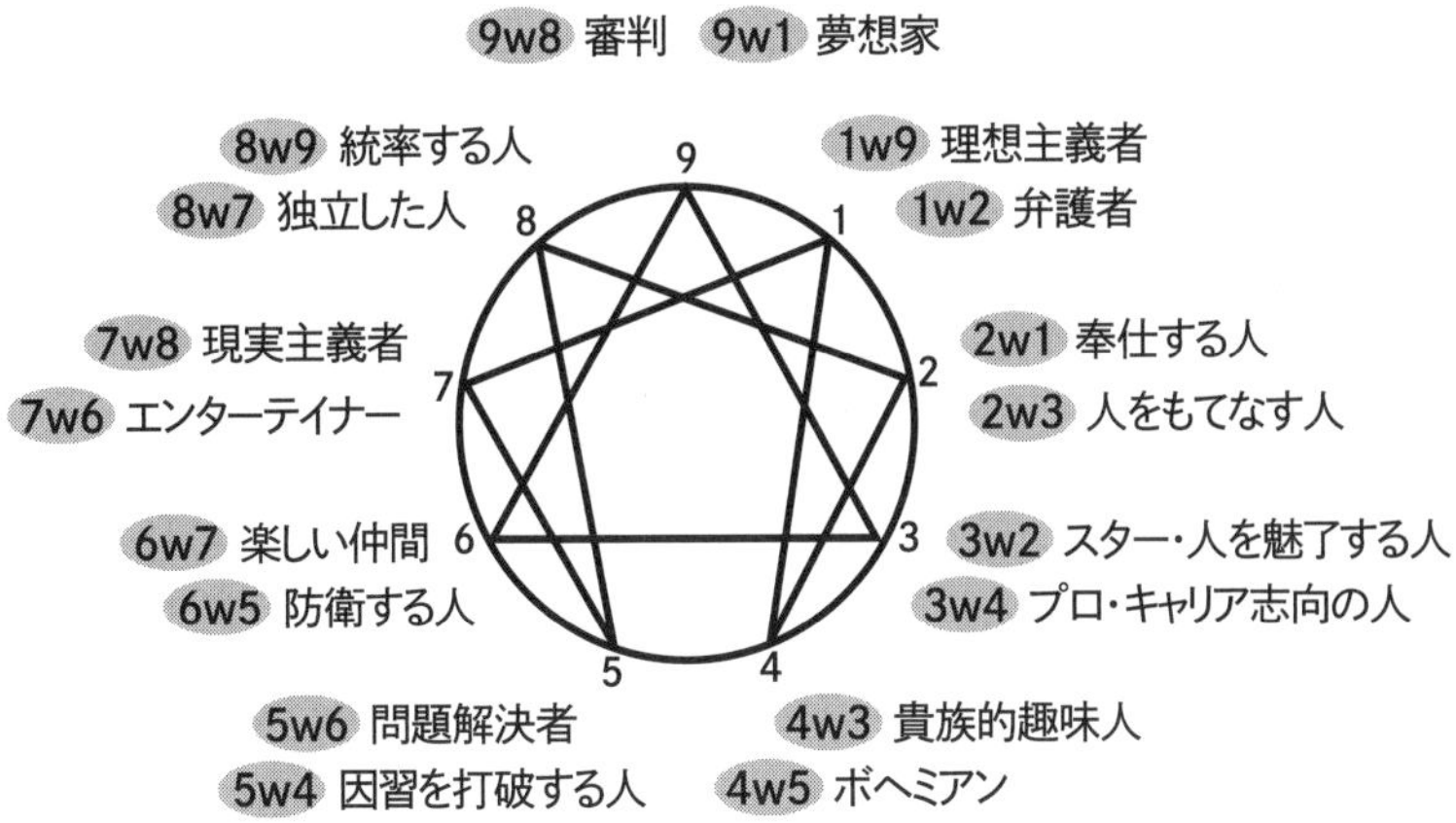

※**ウイングの表記**：タイプ１でタイプ９のウイングを持つ人を 1w9、タイプ１でタイプ２のウイングを持つ人を 1w2 のように表した。各タイプの呼び名はリソ＆ハドソンによる

あることから、もう一方のサブタイプより感情センターの影響を受けていると考えられます。このようにサブタイプには、隣り合ったタイプの傾向が混ざり合ってくることになります。

各タイプのウイングの特徴については、第7章で紹介し、それぞれのタイプのあとに短い解説を入れてありますので、そちらをお読みください。

自己保存・性的・社会的――３つの本能と性格

わたしたちは本能によって、何らかの衝動へと駆り立てられている部分があります。本能と性格（自我）の関連については、イチャーソからナランホにおいてすでに言及されており、リソ＆ハドソンによるトレーニングや著書の中においても詳しく述べられています。

本能には自己保存本能と性的本能、社会的本能の３つがあります。

自己保存本能は、個体の生命維持に関わる本能で、身の回りの快適さや安心安全を求める欲求となって表れます。それはきわめて個人的なニーズに関わっています。

性的本能は、生殖本能に根差していますが、性的快楽を求めることに限りません。それは魅了される対象へと強く惹きつけられるような本能であり、自らも他者を惹きつけるようなシャープで強いエネルギーを発現します。波長が合う感覚や何かにのめり込んだ感覚、一対一の強い結びつきを求める欲求となって表れます。

社会的本能は、人も群れを作る動物であるというところに根差す本能です。個体の利益よりも群れの利益を優先し、ときに自己犠牲的な行為にもつながる本能です。自分も社会の一員としての自覚を持ち、自分が属するその社会の一員として、周囲の人々とつながろうとす

〈本能のバリエーション〉

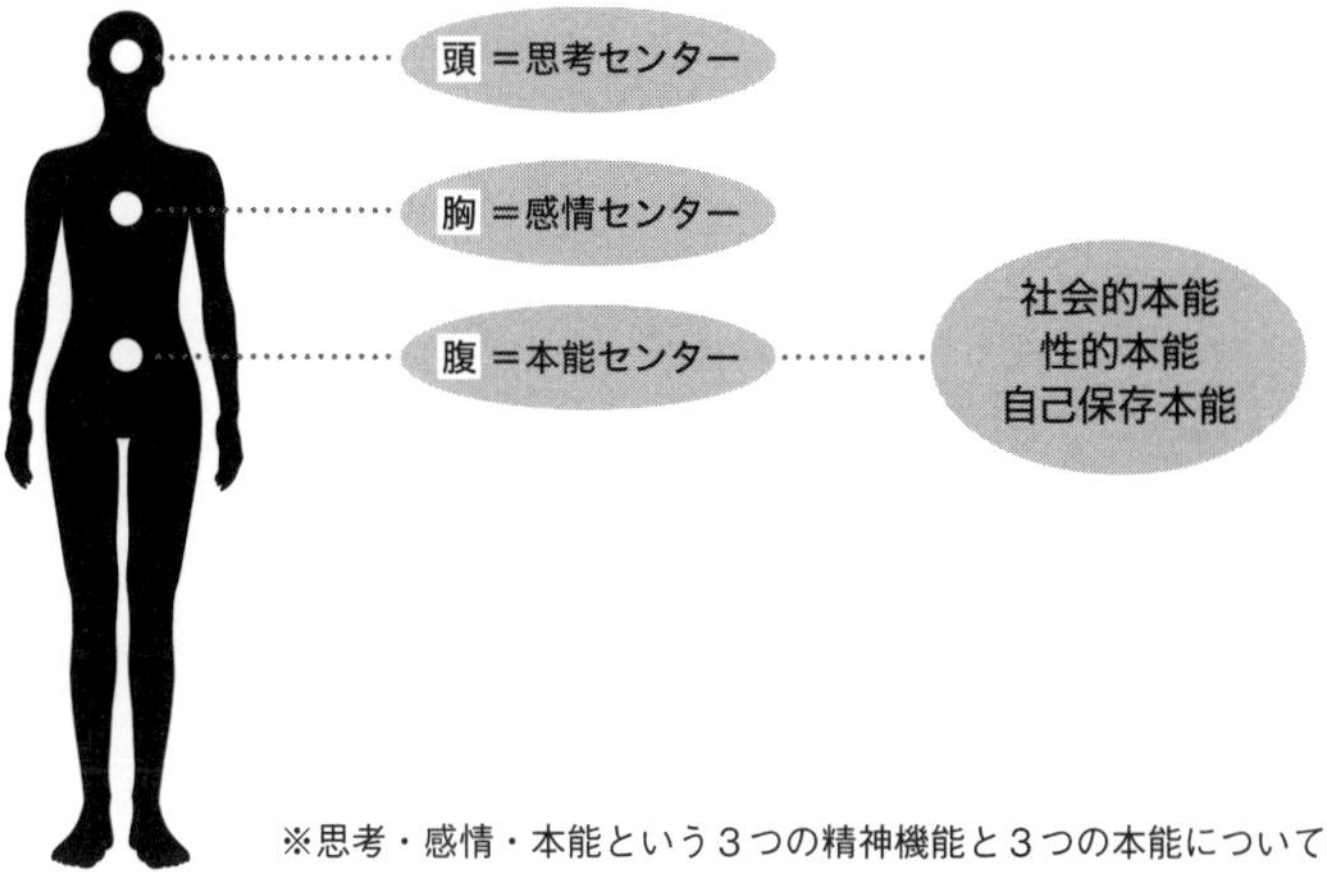

※思考・感情・本能という３つの精神機能と３つの本能についての図

る本能です。

　これら３つの本能のうち、どの本能のニーズに関心が向いているか、またどの本能のニーズにあまり注意が向けられていないかは、人によって違いがあります。それによって、エニアグラムの９つの基本タイプは、それぞれ３つのサブタイプとして見ることができます。

　どの本能のニーズをもっとも優先しているかは、９つのタイプの分類と切り離して判定ができます。また優位な本能と同時に、これら３つの本能のニーズの中で、あまり関心が向いていない、あるいはそのニーズに注意を払っていないところがあります。そこは本人が重視していないところであり、うまく対応できないと感じ、苦手意識を持ちやすい領域でもあります。

自己保存本能（Self-Preservation Instinct）

自己保存本能とは、個体の生命維持に関わる本能です。睡眠の質や健康、生活の保障としての財産の確保、身の回りの快適さなどを求める本能です。自己管理やセルフケアに関わってきます。

この本能が他の本能より優位だと、日々の暮らしの中に安全と快適を求める傾向が強くなります。自分の身の回りのことに関心が向きやすく、快適な住まいや財産の確保、規則正しい生活パターン、健康を維持するための食事や睡眠の質にこだわる、などの傾向があります。自己保存本能のニーズに意識が向いていないと、身の回りのことなど、自己管理ができにくい、家事や家の中の掃除片付けなどが苦手、健康管理、財産管理が苦手といった傾向があります。

性的本能（Sexual Instinct）

性的本能は情熱の源であり、エクスタシーを求める本能であるといってもいいでしょう。エクスタシーとは忘我の境地。セクシャルな結びつきによる快感から、神秘的な何か（神とか、超越者と呼ばれる）との合一によって得られるエクスタシーまで含められるものです。情熱の向かう先は男女の性だけとは限りません。

この本能の欲求が他の本能のニーズより優先されていると、強く魅了されるものに惹きつけられます。刺激的な人やモノ、経験、ぴったりと波長の合う感覚、我を忘れて熱中できることや、人との関係ではとくに一対一で関わるようなきわめて親密な関係などを求める傾向があります。情熱を傾けられるようなものや打ち込めるものを求めます。

性的本能のニーズに意識が向いていないと、深く物事に関わる情熱に欠ける、無趣味、覇気がない、一対一の親密な関係を築きにくい、などの傾向があります。

社会的本能（Social Instinct）

もともとは群れを作る動物の本能です。人も昔から家族を最小単位とし、部族でまとまり、集落を作って生活してきました。集団の中では、個が担う役割があります。その役割や責任を果たすことによって、守られてもいるわけです。何らかの組織やグループに所属し、その集団の中の一員であることで、安心安全を得ようとするのは、もともとは本能的な欲求からくるものだとも言えます。

この本能のニーズが優位だと、コミュニティの中の居場所など、所属（帰属）の感覚を持ちたい、集団やグループに関わり、全体の中での自分の立ち位置を気にかける、周囲の人とのつながりを保とうとする、などの傾向があります。

社会的本能のニーズに意識が向いていないと、あまり人と関わらない、人とのつながりを維持することが難しい、社会性に欠ける、人付き合いに苦手意識がある、などの傾向があります。

3つの本能と感情の囚われ（パッション）の関係について

健全度が増せば、本能のバランスはうまく保たれますが、健全度が下がるほど、本能に歪みが生じると考えられています。9つの性格タイプとの関連では、これら3つの本能と感情的な囚われ（パッション）との関係が、独特の性格のスタイルをもたらすことになります。パーソナリティ（自我）との同一化が少なくなるほど、感情的な囚われによる反応は少なくなり、各タイプの美徳が浮上してくることになります。

各タイプの本能のバリエーションについては、第7章にて、ウイングのサブタイプとともにタイプごとに解説してありますので、そちらをお読みください。

ここでは、各タイプのバリエーションについて、その特徴を表すネーミングを掲載しておきます。基本的にはリソ&ハドソンの呼び名と考え方に準じていますが、より分かりやすい言葉を探して、初期のころのナランホの研究グループのメンバーであった、サンドラ・メイ

〈自己保存本能優位〉

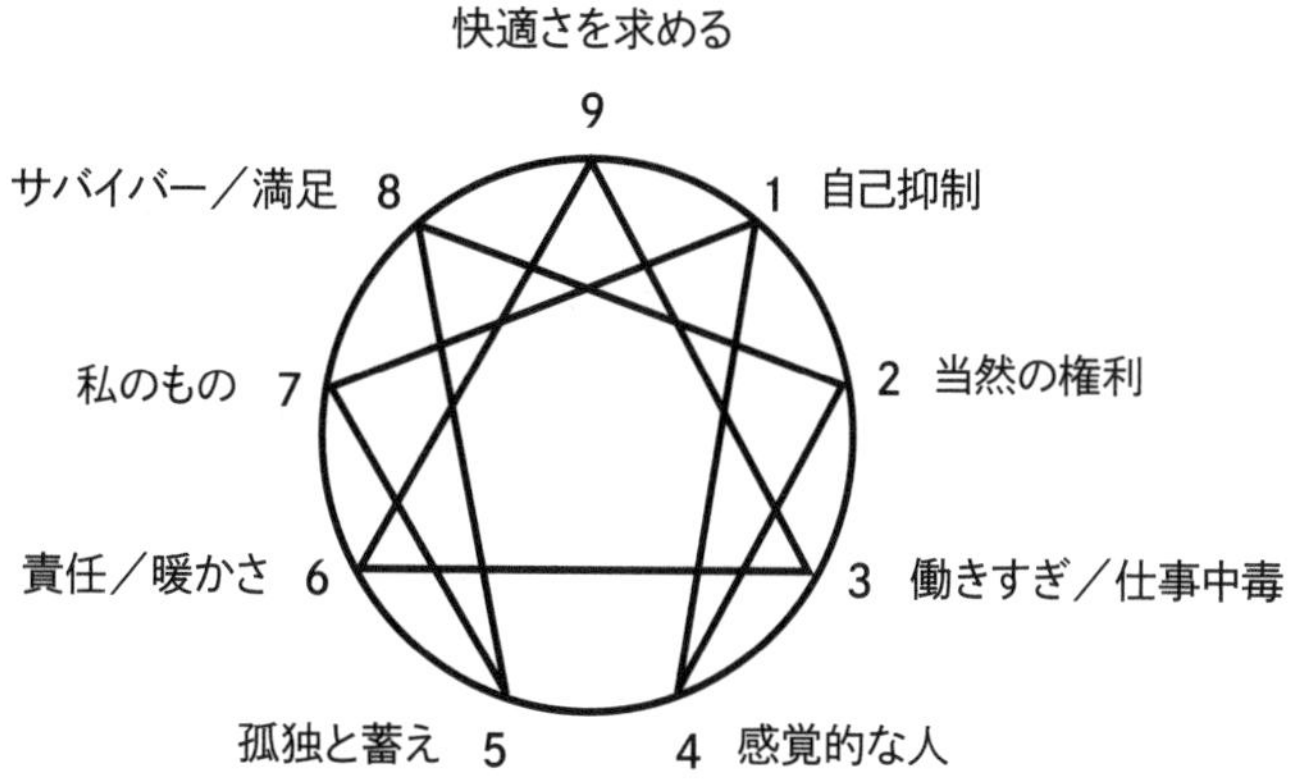

トリが紹介している呼び名を一部変更または付記しています。

３つの本能と各タイプの特徴については、第７章でそれぞれのタイプのあとに短い解説を入れてあります。そちらを参考にしてください。

〈性的本能優位〉

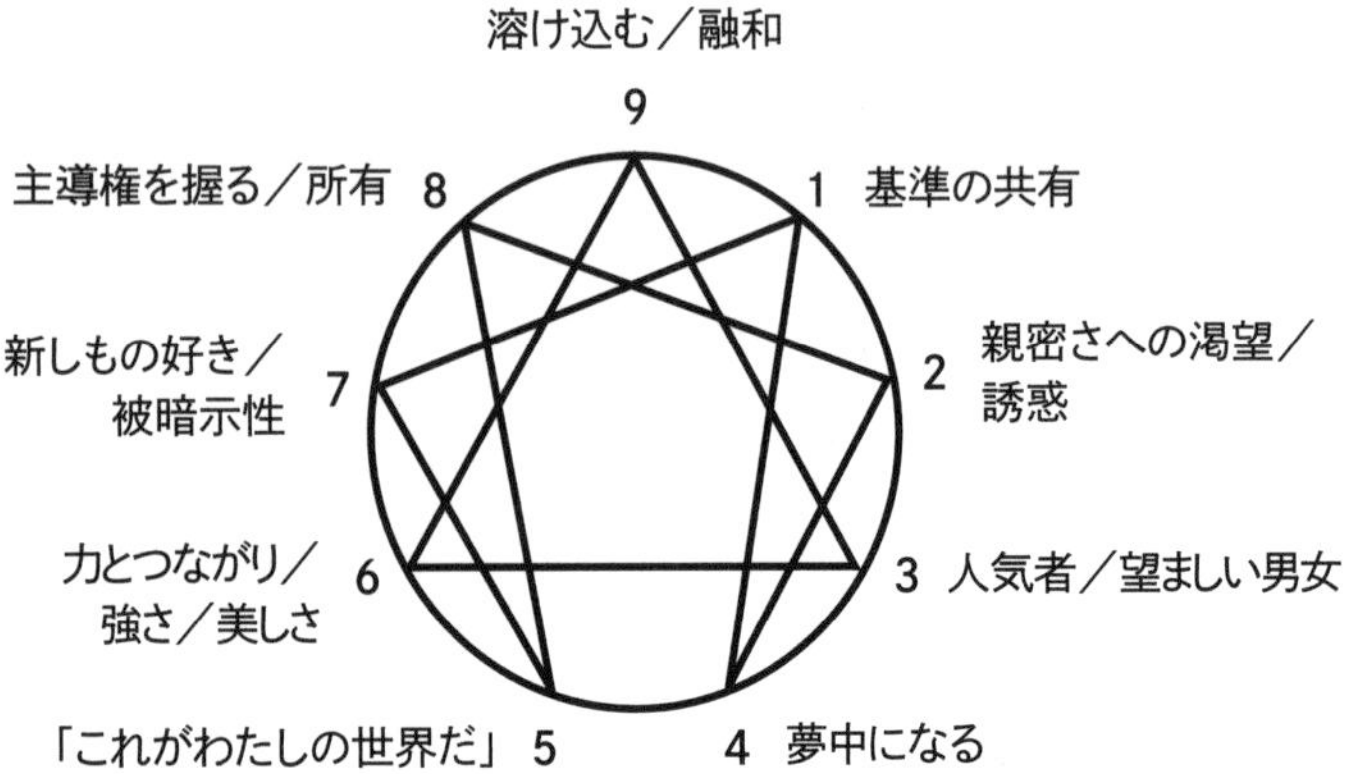

〈社会的本能優位〉

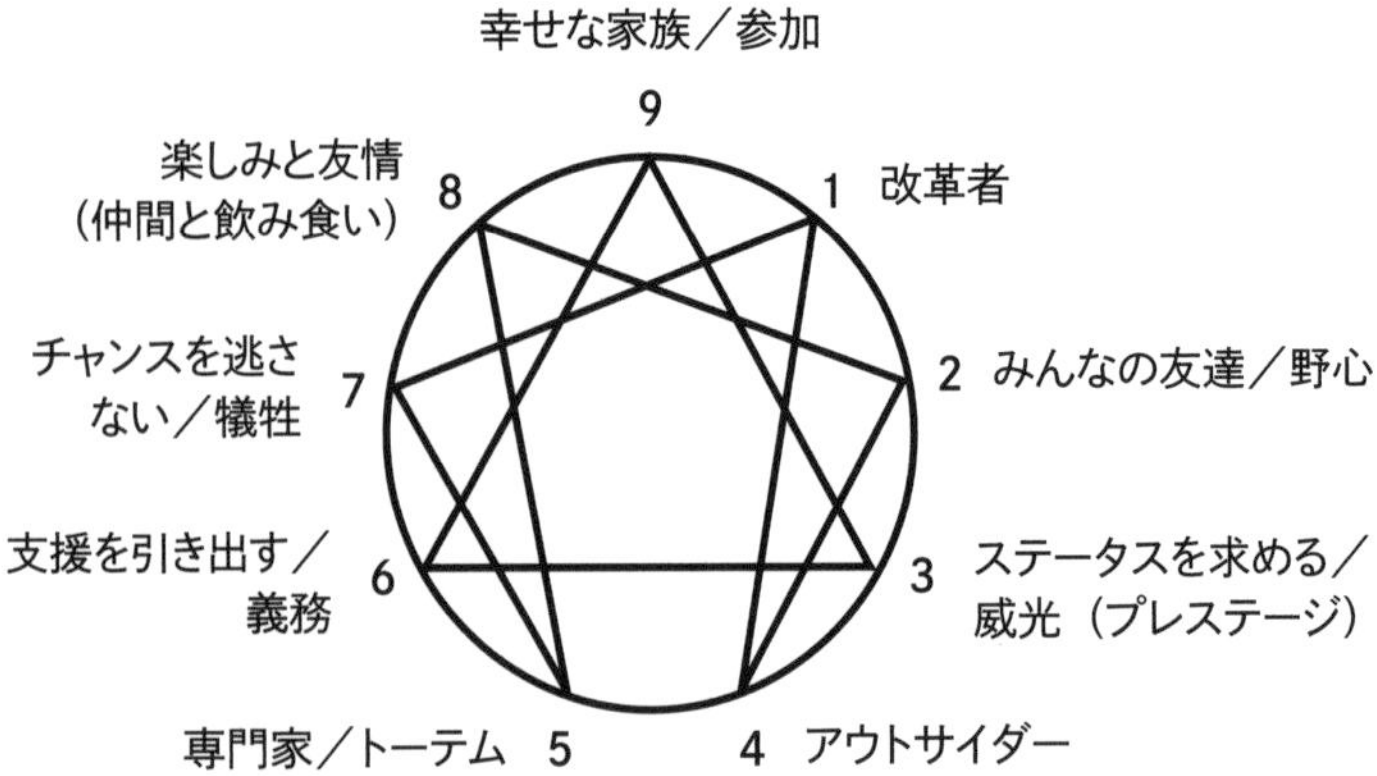

第7章

9つのタイプについての考察

性格＝自我の構造について

ここからは各タイプに焦点を当てていきます。

本書のテーマである性格と本質について、性格とは何なのか、本質とは何なのか、整理しながらお話ししていきたいと思います。前章で触れたウイングの違いによる特徴と３つの本能に関連する性格のバリエーションについても、タイプごとに簡単な説明をしておきます。

エニアグラムの「性格」は「パーソナリティ（Personality）」という語で表されていますが、これは精神分析学のジャンルでフロイト以降用いられている「自我（Ego）」と同じ意味です。わたしたちの自我は自分で意識できる部分もあれば、意識には上ってこない潜在意識から無意識の領域にまたがる部分もあります。自我の構造はよく海に浮かぶ氷山に例えられます。海面に突き出た部分が意識の層で、その下にふだんはあまり意識に上ってこない潜在意識の層があり、さらにその深層には意識に上ってこない無意識の層があると考えられています。

そして、この自我には超自我（Super-Ego）と呼ばれる部分もあります。超自我とは自我の一部ではあるけれども、人が生まれ育っていく過程で取り込んだ、あるいは刷り込まれた親やそれに代わる権威的な大人の声のようなものだと考えられています。子どもは周囲の大人

〈性格構造〉

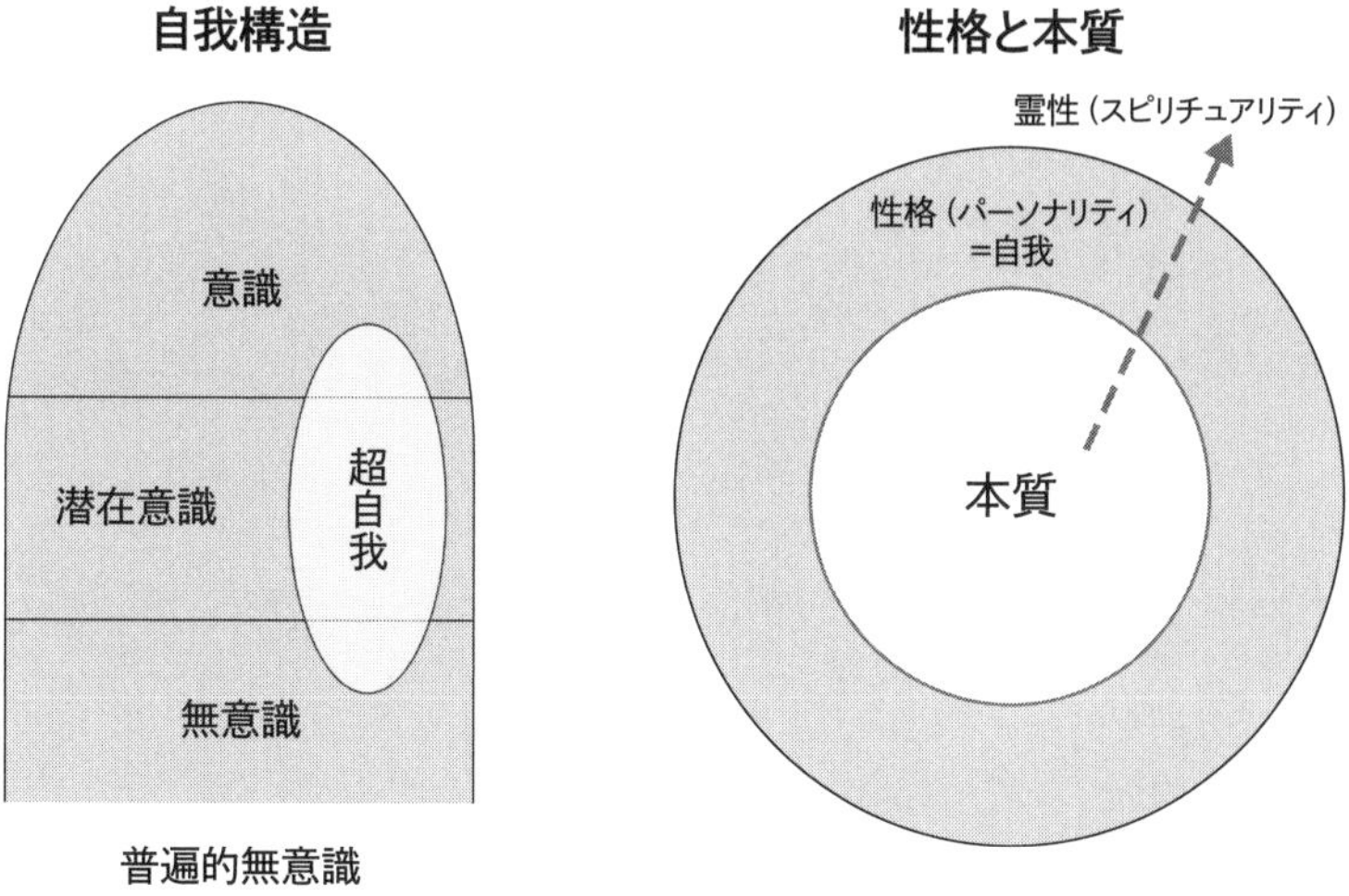

の価値観や文化環境の影響を受け、そこでよしとされるものを取り込み、それが自分の中の〝内なる声〟として聞こえてくるというわけです。

左上の図がその自我構造を表すものです。超自我は意識から無意識の層にまでまたがっています。また、ユングによれば、無意識の奥にはさらに普遍的無意識の世界が広がっていると考えられています。

右上の図は本書のサブタイトルでもある性格と本質について簡単に図式化したものです。エニアグラムの考え方では、人には生まれ持った本質というものがあり、その上に自我が形成されていきます。９つの性格タイプはこの自我の構造を見ていることになります。自我は自分を守るために発達したものでもありますから、自我の防衛が強いとそれだけ本質とのつながりが見失われていくことになります。本質から切り離されていくと言ってもいいかもしれません。

そして、わたしたちは自己の本質を見失い、本質の上に殻のように覆いかぶさっている自我そのものを自分だと思い込んでしまうわけです。

しかし、それでも本質は失われたわけではありません。本質はわたしたちのうちにあり続けます。自我はその本質を映し出すものでもあります。

エニアグラムの性格タイプを理解することは、この本質を見出し、本質とのつながりを回復することになります。それが、心理レベルを超えた自己のスピリチュアリティ（霊性）に向かうところなのです。

さて、ここからは9つのタイプについて考察していきたいと思います。

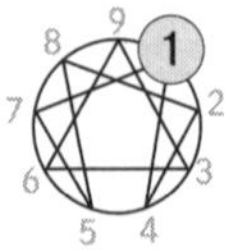

【タイプ1】超自我がもっとも発達した人々

エニアグラム図の右上に位置するタイプ1は、超自我がもっとも発達したタイプです。超自我の声は「ねばならならない」「すべきである」「してはならない」という強いメッセージを送ってきます。

タイプ1について、対人態度では、協調型（compliant）という説明をしてきましたが、英語の本来の意味は「従う」で、その意味からすると、他者に従うのではなく、超自我の声に従うタイプといえます。

タイプ1は自分が「間違うこと」「正しくないこと」を恐れ、その声に従って、正しくあろう、完璧であろうとしますが、超自我の声はなかなか自分にOKを出しません。超自我も自我の一部ですから、タイプ1は自分に厳しくあたることになります。

それはこのタイプの人の健全な面として、道徳的高潔さや勤勉さ、責任感の強さや誠実な人間性と関わる部分でもあります。ですが、その一方で融通の利かなさや、どこまでいっても「これでよし」と受け入れられない、自分にも他人にも批判的になりがちといった傾向として現れることもあります。

そこには、タイプ1の感情の囚われである〝怒り〟があるのですが、「怒ってはならない」という超自我の声がその怒りを抑圧しようとします。しかし、怒りは解消されたわけではないので、フラストレーション（欲求不満）が溜まり、周囲の人にもフラストレーションを感じさせることになります。

それが、タイプ1の対人関係におけるコミュニケーションの問題となっているところです。人と関わるに際して、例えば、家族や近隣、職場等の人々に対して、相手の至らないところを指摘するといった形で、「文句を言いながら近づいていく」ということになりかねないからです。

ウイングのサブタイプ

1w9　理想主義的

9のウイングを持つタイプ1を、リソ＆ハドソンは、「理想主義者」と呼んでいます。このサブタイプは崇高な理想を抱き、どこか超然としているところがあります。他人とそれほど気楽に関わることがなく、タイプ9の遊離型の影響から、もう一方のサブタイプより、一人でいる傾向があります。関心の対象は、人よりも自然、また環境問題や社会の改善などに向かう傾向があります。

1w2　人に関心が向く

タイプ1でウイングが2の場合、もう一方のサブタイプより人に関心が向いています。世の中の不正や不平等をなくし、誰ひとり差別されたり不当な扱いを受けることのない社会を求めます。人との関わり方はより個人的で、親密感を抱きますが、同時に相手の欠点や過ちを正そうとする傾向も出てきます。もう一方のサブタイプより、感情的になりやすく、興奮しやすい面があります。人や物事に対して批判的な見方をし、自分の主義主張を押し出そうとします。リソ＆ハドソンは、このサブタイプを「弁護者」と呼んでいます。

本能のバリエーション

自己保存本能優位のタイプ１　セルフコントロール（自己抑制）が働く

身の回りのことに関心があります。食生活、健康、清潔さ、お金、家の中のこと、物の置き場所など。日常生活では身の回りをきちんと整え、けじめのある暮らしをするでしょう。そういった自己保存的なニーズに関して、自己抑制が働きます。

セルフコントロールが働いているため、自分自身の本能的欲求を満たすことには葛藤があり、そこに欲求不満が生じることがあります。

例えば、このタイプの人がダイエットをすれば、非常に厳格なダイエットになる場合があります。ダイエットは成功かもしれませんが、本能的な欲求は満たされず、ストレスが溜まります。また、欲求と節制との間で、欲求のほうが勝って、ドカ食いをしてしまい、その後の反省から、さらに禁欲的なダイエットに走るということがあるかもしれません。タイプ1に限らず、本能的欲求の過度な抑制は、その反動が生じることになります。

床に髪の毛一本落ちているのも嫌だという人、イライラすると家の中をピカピカになるまで掃除しないではいられない人、経済的には余裕があるが、倹約家で無駄遣いをしない人、厳格な運動習慣を身につけている人などは、自己保存優位のタイプ1かもしれません。

性的本能優位のタイプ1　まじめな情熱家

自分の持つ基準を誰かと共有したい人です。真面目な情熱家といった感じです。理想的なパートナーとの完璧な関係を築いていきたい、家族や友人にも高い理想を抱き、同じ価値観を分かち合える同志のような関係を求めます。自己保存のタイプ1のように、家の中のことや食べるものなどに関しては、それほどストイックではないかもしれません。

相手に対する高い期待と批判的な態度が混ざり合います。相手に自分の価値観を押し付けようとする傾向があります。一対一の強い結びつきを求める傾向から、嫉妬深い面があり、とくにパートナーとの関係などでは、相手が自分以外の人と親しくしていると強いジェラシーを抱くでしょう。

社会的本能優位のタイプ1

社会の改革・改善を目指す

社会的なことに関心が向かっているタイプです。世の中がより良い方向に向かうことを望み、人を教え導くような仕事や活動、世の中を改革・改善していくための活動などに関心を寄せています。社会問題、政治、ジャーナリズム、教育、男女平等、世界平和、難民救済、地球環境の問題など。自分も他人も社会的にどう振る舞うべきかについて、客観的な価値や社会的基準に照らし合わせ、はっきりした自分の意見や改革案を持っています。自己保存のタイプ1ほどには、家の中のことにはこだわらないでしょう。対人関係は同じ問題意識を持つグループなどにアクセスする傾向があります。

コラム

怒りという感情の奥にあるもの――NHKドラマ『こもりびと』より

タイプ1は「正しい人」かもしれません。しかし、そこに対人関係で葛藤が生じ、本来タイプ1が求めていたのとは逆の結果を引き起こしてしまうことがあります。

2020年に放送されたNHKドラマ『こもりびと』に描かれた主人公とその息子の

関係を例にとって説明しましょう。

長年教師を務めた倉田一夫（武田鉄矢）は、世間の人々からは尊敬される存在でしたが、実は彼には自室で引きこもり生活を送っている次男の雅夫（松山ケンイチ）がいました。一夫は過去に何度も雅夫を〝立ち直らせよう〟と試みたのですが、うまくいかず、現在はあきらめきったような状態になっていました。

しかし、一夫は医者から余命宣告を受け、自分でも体調悪化を自覚していたので、長く生きられないことを悟り、何とか雅夫とコミュニケーションを図ろうと努力します。一夫は雅夫の姪の協力で、雅夫がＳＮＳに「カオナシ」というアカウントを持ち、自分の内面を彼が好きなブルーハーツの曲に重ね合わせ、誰にともなくつぶやいているのを知ります。

雅夫には耕平という優秀な兄がいて、父の一夫は常に雅夫をこの兄と比較し、叱咤激励してきました。雅夫が受験に失敗したことを責め、就職しても正社員になれなかったと否定し、契約社員での勤めが長続きしなかったことを非難してきました。

一方、雅夫は一夫に厳しく非難され、重度のストレスを受けたことから、自室にひきこもってしまい、引きこもり生活が10年以上続いていたのでした。

一夫は姪に教わりながら、自分もハンドルネームで雅夫に接触し、好きな音楽の話などでコミュニケーションが成立しそうになるのですが、あるとき、雅夫を「がんばれ」と励ましてしまったことで、正体がばれてしまいます。

雅夫は父から騙し討ちにあったと思い、これまで父にぶつけたことのなかった思いをぶつけます。「自分は生きていてはいけないのではないか」と。父・一夫はその言葉に弁明しようとしたのですが、そのとき吐血して倒れてしまい、搬送先の病院で息を引き取ってしまいます。父子のわだかまりが解けないままの死別となりました。

父の死後、雅夫は父がつけていた日記を読み、兄の耕平と分け隔てなく育てたはずが、雅夫が引きこもりになってしまったのは自分の育て方が間違っていたからかもしれないと後悔していたことを知ります。そして父が、寿命が尽きる前に雅夫を何とか立ち直らせようと決意したこと、自らの言動で息子が苦しんでいたことに気づき、自分は父親失格だったと、深く後悔し、罪の意識を抱いていたことを知ります。

その後の雅夫の行動は省略しますが、父の死をきっかけに、雅夫は引きこもりから立ち直ることを決意することになります。

このドラマでうまく描かれているのは、息子を強い引きこもり状態まで追い詰めてしまった父親の、その根底には息子を思う親の深い愛情があるということです。しかし、完璧主義的な傾向を持つ人は、愛を正義と取り違え、自らの正義を押し付け、相手を〝更生〟させようとするところで、かえって愛を遠ざけてしまいます。

エニアグラム図の上でタイプ1の隣には、感情センターのタイプ2が配置されています。タイプ2は愛情深く、自分には愛があると信じ、同時に愛を求めるタイプでもあります。タイプ1の深層にあるタイプ2的な愛は、完全主義者の怒りによって覆い隠されてしまうのです。

余談ですが、映画やドラマなどで、俳優はいろいろな人物を演じますが、エニアグラム教師の一人でセラピストのトーマス・コンドンによれば、本人自身のタイプのキャラクターを演じたときが、もっともリアリティがあると言われています。渾身の演技で元教師の父の隠れた愛情を表現してくれた武田鉄矢氏は、ご本人もタイプ1かもしれませんね。

〔タイプ2〕愛と関心を与え求める人々

「愛情深く、人に親切で思いやりがあり、世話好き。自分のことより他人のことを優先しがち」といった、タイプ2の性格特徴を表す記述からは、タイプ2がどういう人であるのか、わりあいイメージしやすいかもしれません。タイプ2について知れば、たいていの人が自分の身近にいるタイプ2の誰かを思い浮かべることができるでしょう。例えば、親戚の世話好きなおばさんや近所の気のいい商店主など。

しかし、タイプ2の深層心理は、表面に現れた人柄ほどには分かりやすいものではありません。

タイプ2は、ユングの外向・内向で言えば、明らかに外向的なタイプです。第3章で比較した対人態度の特徴からすれば、自己主張型ではなく、他人に合わせる協調型になります。タイプ2の超自我は、「（人から）いい人（と思われるような人）であれば大丈夫だ」というメッセージを送ってきます。

そこで、タイプ2は他人が何を必要としているのかに気を配り、先回りして相手が必要としているものを提供し、このタイプの呼び名通り「人を助ける人」となるわけです。このタイプの健全な人は、真に他人の幸福を願い、奉仕の精神を発揮し、ときに愛と支えを必要としている人々のために働けるのです。

しかし、その一方で、タイプ2は人との関係において、自分は相手の世話をしてあげている人、助けてあげている人という意識を持ちがちです。そして、自分がいなければ、相手は困るだろうと思い、してあげている自分を買いかぶります。

例えば、タイプ2の母親であれば子どもの世話を焼きながら、「ママがいなければ、あなたは何もできないのだから」と、わが子を無力な者と見なすかもしれません。困っている人を助けたいと思い、ボランティア的な活動に参加した人は、相手を「助けを必要としているかわいそうな人」と見なすかもしれません。

そこにタイプ2の感情的な囚われである〝高慢〟が垣間見えます。タイプ2は自分を「与える側の人」と位置づけているのです。そして、自分を「いい人」だと思っています。人から必要とされるためにいい人であろうとし、その自分を実際にいい人だと信じてしまっているのです。

それが、人との関わりにおいては、ときに親切のつもりのお節介になったり、相手からすれば余計なお世話になってしまうことがあります。

また、自分が面倒を見ている相手を依存させ、依存させているつもりが精神的には自分のほうがその相手に依存しているような状態になってしまうこともあり得ます。例えば、子どもの世話を焼きすぎる母親は、いつまでたっても子どもを自立させたくないのかもしれません。それは母親のほうが子どもに依存している状態なのです。

ウイングのサブタイプ

2w1　援助する人

タイプ2でウイング1の場合、もう一方のサブタイプより生真面目な感じがあり、医療や看護・介護福祉など援助的な仕事に関心が向く傾向があります。タイプ2の呼び名、「人を助ける人」は、どちらかというとこのサブタイプにより当てはまるでしょう。自分をあまり表に出さず、人に対する温かさと同時に、厳しさがあります。リソ&ハドソンはこのサブタイプを「奉仕する人」と呼んでいます。

2w3　人をもてなす人

タイプ2でウイングが3の場合、もう一方のサブタイプより社交的で、人に好かれようとし、甘く感情豊かで、人に愛されるような態度を示します。個人的なつながりを求め、例えば、自分がサロンの主催者として、皆を楽しませ、自分を通して他の人々が親しくなれるような機会や場を提供する、人をもてなす主人のような役割を好みます。リソ&ハドソンはこのサブタイプを「人をもてなす人」と名付けています。

本能のバリエーション

自己保存本能優位のタイプ2

自分には当然の権利がある

身の回りのことに関心があります。自分のことより、家族や身近な人が必要としているものを気にかけます。ちゃんとご飯は食べているか、寒くないか、暑くないか、疲れていないかなど。自分の自己保存的な欲求を抑圧し、自分が必要としていることは無視して、人の面倒を見ることに集中します。「わたしはいいから、あなた食べなさい」「あなたはもう休んだほうがいいわ、わたしがやっておいてあげるから」といったように。

そうして、自分のニーズを満たすことは、いちばん後回しにします。後回しにしますが「これぐらいのことはしてもいいだろう」と、美味しいものを食べたり、ちょっとした贅沢をしてみたり、自分には当然その権利があると思うのです。

性的本能優位のタイプ2

親密さを求め誘惑的に近づく

タイプ2はお互いにファーストネームや愛称で呼び合うような親密な関係を求めます。身体的にも相手との距離を縮め、腕や肩が触れ合うぐらいまで近づく傾向があります。誰かと一緒に写真を撮るときには身を寄せるようにして近づき、笑顔でカメラに収まり、親しみを表すための握手やハグを好みます。身体的な親密距離をとることに抵抗がありません。

もっとも、それはタイプ2全般について言えることですが、とくに性的本能優位の人は、一対一の親密な結びつきに、より強い関心を持っていると言えるでしょう。親友との関係、恋人同士、夫婦・パートナーの関係において、愛し愛されていることを強く実感できるような関係を求めます。親密さへの渇望があり、愛を得たい対象に向かって、相手を惹きつけるような魅惑を持って、誘惑的に近づいていきます。男性が女性に近づいていくときは、男らしい包容力を前面に出すかもしれません。

社会的本能優位のタイプ2

野心のある友好的な援助者

付き合いの幅が広く、あちこちに知り合いがいる人です。複数のグループに所属し、活動しているかもしれません。自分が出入りしている団体やサークル、サロンなどには、どこに行っても顔見知りがいて、その人たちとは友達か家族のようで、皆に親しみを感じています。

自分が中心になって人と人を引き合わせ、人の輪を広げていくようなこともするでしょう。ただ、その後に自分が紹介した人同士が、自分を通さずに一緒に何か活動を始めたり、自分抜きで集まりを持つようなことがあると、面白くないという気持ちになるでしょう。人をもてなすにしても、もてなし役の自分が主役だという思いがどこかにあります。

また、タイプ2は、ボランティア精神旺盛、助けを必要としている（困難を抱えている人や社会的な弱者と見なされているような）人を援助する資質を中心に説明されることが多いですが、社会的本能優位のタイプ2の場合、自分が敬愛する人で社会的にも成功している人物のサポート役や秘書的な役割を務めることに誇りと喜びを見出す傾向もあります。このような傾向から、野心的に見え、友好的なタイプ3のように見える場合があります。

コラム

サンタクロースになろうとした子どもたち

筆者が子どものころ、通っていた小学校では生徒たちが講堂に集められ、映画が上映されることがありました。その中で、タイプ2の感情の囚われと美徳、高慢と謙遜について考察しようとすると、決まって記憶の奥のほうから浮かび上がってくる映画の内容があります。それは〝よい子〟たちが登場する映画で、タイトルも何も覚えていないのですが、記憶に残っているのはこんな内容です。

〝よい子〟たちは村はずれに住む親のいない貧しい〝お友達〟のことを気にかけています。クリスマスが近づいたある日、〝よい子〟たちはサンタクロースがプレゼントを運んでくるのを楽しみにしているのですが、実はプレゼントは親が買ってくれるものだということが分かり始めた年ごろでした。ということは、村はずれの親のない子たちのところには、サンタクロースはやってこないということに、〝よい子〟たちは気づいてしまいます。

そこで、〝よい子〟たちは周りの〝よい大人〟に手伝ってもらい、クリスマスイブの夜、貧しい子どもたちのところにこっそりプレゼントを用意し、届けに行くことにしたのです。

〝よい子〟たちがプレゼントを携え、村はずれに向かっていると、シャンシャンという鈴の音が聞こえてきました。見ると、本物のサンタクロースがプレゼントを載せて、貧しい子どもたちの家に向かっていくところでした……。

わたしの記憶に残っているこの物語からは、２つの教訓が得られます。ひとつは〝よい子〟たちの思いが、本物のサンタクロースを呼び寄せ、貧しい子どもたちのクリスマスを幸せなものにした。人の幸せを思う心は大切。

そして、もうひとつは〝よい子〟たちが自分たちの手で、貧しい〝お友達〟を幸せにしてあげられると思うのは、それは思い上がりだということ。映画ではそこまで表現されていたかどうかは分かりませんが、〝よい子〟たちは、自分たちを与える側の人、貧しい子どもたちはそれを受け取る側の人と見なしてしまっているわけです。

人のために尽くすこと、それはときに自ら手を出さず、見守ることにあるのかもしれません。

タイプ2は施し与えることはできても、受け取ることができにくいのです。年老いて貧しく、病気がちの人の世話をしている人が、相手からいつもお世話になっているからとささやかな贈り物を渡されそうになったが、「そんなことはしなくていいから」と受け取らなかったという話を聞いたことがあります。受け取ることを辞退するのではなく、受け取ることができてこそ、タイプ2の美徳である謙遜が浮かび上がってくるように思えます。

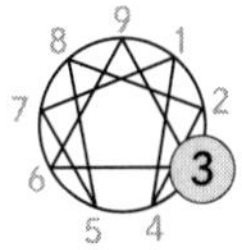

〔タイプ3〕価値ある自分であろうとする人々

タイプ3は、自分に価値がない（値打ちがない）ことを恐れ、価値のある人間（値打ちのある人間）であろうとします。

では、価値のある人間とはいったいどんな人なのでしょうか？

タイプ3にとっての〝人の価値（値打ち）〟は、市場的価値と直結したもので、能力やスキル、実績などがどれくらい高く売れるか、端的に言えば「売り物になるかどうか」が基準になっています。タイプ3のみならず、現代人の価値観にはこういった市場的価値の高さが、人の価値を測る基準になっていることがあります。能力のない人間、役に立たない人間は価値がないという考え方が、メディアやネット社会の中でも見かけられます。

「目標を達成する人」と呼ばれるタイプ3は、価値ある人間であろうとして、そのために自分の能力を磨いていく努力をします。目標そのものが、価値のある人間になることであるといってもいいでしょう。

タイプ3は「ステータス志向の人」と呼ばれることもあります。社会的な地位の高さを表す学歴や経済力、肩書、組織内でのポジション、知名度、人気、住んでいる家や土地柄、高級ブランド・高級品の所有など、ステータスシンボルに関心の強い人です。社会的ステータスのある人間が、価値のある人間であると見なしているのです。

そして、タイプ３は自分自身が〝価値ある人間〟であるために努力します。タイプ１のようにコツコツと粘り強い努力を重ねるというよりも、短期的に効率よく目標に到達するプロセスをたどろうとします。対人態度の面では自己主張型で、関心が自分の外の世界に向かっている外向的なタイプです。外の世界に適応するために思考を使いますが、論理的なプロセスをたどる緻密な思考や抽象度の高い思考というよりは、実際的で実利的な割り切った考え方をし、行動に移します。

また、タイプ３はイメージを用い、〝印象〟を重視します。自分が人にどういう印象を与えているかを意識し、自分がイメージしているところの（理想の）自分を他人に印象付けようとするわけです。

タイプ３の頭の中には、観客がいると言われています。舞台の上でスポットライトを浴びている自分がいて、その自分を見ている観客がいるといった感じです。タイプ３のイメージでは、皆から注目され、喝さいを浴びている姿が理想の自分の姿です。

ＳＮＳなどに自分の姿を掲載するときなども、タイプ３の男女は、正面アップの顔で、感じのいい笑顔を浮かべている写真や、自分の姿が真ん中に写っている写真を好んで選ぶ傾向があります。たいていの場合、背景にはその人がステータスと感じているもの、つまりステータスシンボルとなるもので、タイプ３のその人が一流と見なしている〝価値あるもの〟や〝価値ある場所〟が映し出されています。

健全度の高いタイプ３の男女は、実力と自己評価が一致しています。実際、彼らは魅力的で才能があり、自然な自信が備わっています。周囲の人が自分もあんなふうになれたらと憧れを抱くような人物です。

もちろん、そこには人に見せないところでの努力の蓄積があります。努力ということについて、よくタイプ３の人が例えるのは、湖に浮かぶ白鳥です。表面では優雅で余裕のある姿を見せているが、水面下では一生懸命水かきを動かしている、そうしないと前に進めないし、沈んでしまうかもしれない……。

ウイングのサブタイプ

3w2　自分の魅力で人を惹きつけ、好かれたい

タイプ３でウイングが２の場合、魅力的な成功者という自己イメージで、人を惹きつけよ

うとします。もう一方のウイングのタイプ3よりも、外見にこだわり、人にどういう印象を与えるかを計算し、積極的で自信に満ちた態度をとります。自己顕示欲が強く、成功者と付き合うことで自分の価値を高めようとします。自分を好きになってほしいという気持ちがあり、相手を褒め、喜ばせるようなことを言います。リソ&ハドソンはこのサブタイプを「スター」「人を魅了する人」と呼んでいます。

3w4 仕事熱心でキャリア志向の人

タイプ3でウイングが4の場合、もう一方のウイングよりキャリア志向で、仕事の面で有能であろうとします。個人的な魅力より、仕事ができるプロとして評価されたい人です。人に対しては少し距離があり、ビジネスライクな態度をとります。一流を目指し、自分の仕事の価値を高めようとします。目標達成のためによく働き、仕事の実績が自分の評価に結びつくと考えています。リソ&ハドソンはこのサブタイプを「プロ」「キャリア志向の人」と呼んでいます。

本能のバリエーション

自己保存本能優位のタイプ3　働き過ぎ

経済的な安定と資産を築くために一生懸命働きます。日々の暮らしは効率重視で、合理的な生活をしようとするでしょう。目標達成のために最大限のエネルギーを注ぎます。「ワンランク上の暮らし」を求め、そのために仕事ではより高い地位につき、良い暮らしのできる報酬やポジションを得ようとします。昇進のために意欲的に働きます。自分の仕事や能力に対しての肯定的な評価を得ようとするだけでなく、それに見合う対価、報酬を求め、キャリアを中心とした暮らしを追求します。また、仕事以外では家庭を中心とした暮らしを大切にします。しかし、働いていないと不安になり、自分の健康面や人付き合いがおろそかになる場合があります。

性的本能優位のタイプ3　魅力を振りまく人気者

自分が魅力的であることで、人を惹きつけようとします。理想的な女性・理想的な男性として、自分磨きを怠らず、他者からの関心を得ようとします。スターやアイドル、モデルのようになりたいという願望があるかもしれません。実際、魅力的な人でしょう。しかし、自分の魅力で人を惹きつけたいという思いが高まると自己顕示欲が強くなります。人とは一対一の親密さを求める傾向がありますが、その一方であまり親密になりすぎると、相手に見せている自分のイメージと実際の自分との間のギャップを見透かされるのではないかといった恐れから、親密になり切れないところがあります。

社会的本能優位のタイプ3　社会的なステータスを求める人

社会的に評価される人物になることに関心を寄せています。周りの人から高く評価されているというしるし、つまりステータスシンボルにこだわります。「ステータスを求める人」というタイプ3の呼び名は、社会的本能優位のタイプ3にもっともふさわしいでしょう。出身校や学位、職業的地位、経歴、社会的役割を自分自身の価値と同一視してしまいがちです。そして、たえず自分の価値を上げてくれそうな人々とのネットワーキング作りをし、つながりを作り出そうとします。社会的名声を欲しています。

コラム1

真の価値とは何なのか?

タイプ3の深層心理には、〝家族の中での自慢の子ども〟、あるいは、お母さんに褒められたい子どもがいます。タイプ1にとって、内なる声が父親的な厳しい導き手のようであるのに対して、タイプ3は「お母さんの期待に添うように」「ママを喜ばせるために」がんばって、自分が何かを達成すれば、「よくできたね」と褒めてくれる、実際の母親とは限りませんが、そういった内なる母親のような声を聴いているのかもしれません。

タイプ3にとっての問題点のひとつは、社会的にはたとえ成功していたとしても、さらなるステップへと、たえず駆り立てられるものがあるということです。駆り立てられ続けるということです。

例えば、メディアなどでも有名な人物が、あるとき学歴詐称や経歴詐称をしていたことが明るみに出て、それまでのポジションから不名誉な撤退を余儀なくされたというようなゴシップがときどき噂に上ります。傍から見れば、その人物はわざわざ詐称しなくても、十分に実力があり、成功している人物に見えるのに、虚栄という感情の囚われに突き動かされ、自分を実際以上に見せかけることに躍起になってしまっているのです。

タイプ3的な価値観の負の部分にとらわれると、そういうことが起こってくるのでしょう。

若いときに美貌や若さの魅力を誇っていた人は、年を重ねるにつれ自分より若くて魅力的な人にとって代わられ、出身校や学歴を誇っていた人は、実力社会ではそれがあまり価値を持たなくなることがあります。社会に出て努力して得た結果の肩書や社会的なポジションが、定年退職を迎えると意味がなくなってしまうかもしれません。そこで、今度は自分の息子や娘、孫の自慢話をし始めるかもしれません。

出世の階段を上り詰めることを目的に、ひとつの会社で一生懸命働いてきたある男性は、その会社では目標としていたポジションが得られないと知ったとき、そして、自分が目指していたそのポジションに、ライバルが抜擢されたことを目の当たりにしたとき、自分に価値がないという思いに強くさいなまれたそうです。

しかし、わたしたちはそこから、人間の真の価値について問い直すことができます。タイプ3の美徳は本物であるということです。自分の外に価値を見出し、その価値を身につけようとするとき、人は本物ではなくフェイクになってしまいます。

タイプ3は物質的なものに価値を見出し、執着します。例えば、自分にとって価値のなくなった定年退職後の夫とは別れても、ブランド服はなかなか手放せない主婦。また、高価なブランドものの時計を見せびらかす男性は、それが自分の価値を高めると思うからそうするのです。

「富は天に積みなさい。（略）あなたの富のあるところに、あなたの心もあるのだ」（マタイによる福音書第6章20－21節）のように、タイプ3の真の価値の探求は、物質的な価値の次元を超えて、霊性的（スピリチュアル）な次元へと向かっていくものです。タイプ3にとっての感情の囚われは虚栄でしたが、本質にある美徳は本物であるということです。

さらに、その先には思考の囚われを明らかにし、思い込みを手放していくことが必要になってきます。それについては第8章でお話しすることにします。

コラム2

ブドウ園の労働者と人間の価値について

ここでは、ブドウ園の労働者の譬《たと》えを引用しながら、人間の価値について考えてみたいと思います。マタイによる福音書20章1－16節に出てくる、イエスが語ったとされる譬えです。

あるとき、ブドウ園で働く労働者を雇うため、主人は朝早く広場に出かけていき、そこにいた人々を1日1デナリオンの約束で雇って、ブドウ園に送りました。1デナリオンは、労働者とその家族が1日の生活を維持できる程度の価値に相当します。

次に朝の9時ごろ、何もしないで広場にいる人を、ふさわしい賃金で雇ってやろうと言って、またブドウ園に送りました。正午ごろと午後3時ごろにも広場に行って、そこにいた人々を雇いました。それから、午後5時ごろに行ってみると、広場にはまだ人がいたので主人が「なぜ、何もしないで一日中ここに立っているのか」ときくと、彼らは「誰も雇ってくれないのです」と答えました。そこで主人は彼らもブドウ園に送りました。

夕方になり、労働者が集められ、最後に来た者から始めて、最初に来た者まで、順に賃金が支払われることになりました。

最後の午後5時ごろに雇われた人たちが1デナリオンを受け取るのを見て、最初に朝早く雇われた人たちは、自分たちはもっと多くもらえるだろうと期待していました。しかし、自分たちが受け取ったのは、1デナリオンだけでした。

そこで、彼らは「最後に来た連中は1時間しか働いていないのに、1デナリオン受け取っている。自分たちは暑い中、辛抱して一日中働いた。なのに、彼らと同じ扱いをするのですか」と不平を言いました。

　すると、主人は、言いました。

「友よ、あなたに不正なことはしていない。あなたはわたしと1デナリオンの約束をしたではないか。自分の分を受け取って帰りなさい。わたしはこの最後の者にも、あなたと同じように支払ってやりたいのだ。自分のものを自分のしたいようにしてはいけないのか。それともわたしの気前良さを妬むのか」。

　1時間しか働かなかった者を、1日働いた者と同等に評価する。あなたはこの話をどのように受け止めるでしょうか。最初に雇われた者たちにとっては、ブドウ園の主人のやり方は公平だとは思えない。怒って文句を言って当然、憤懣やるかたないものです。この最初に雇われた者たちに共感できるかもしれません。

　では、少し視点を変えてみましょう。最後に雇われた者たちは「誰も雇ってくれなかった」と言っています。彼らは労働弱者です。イエスの時代は、失業者があふれていて、仕事にありついた者はまだ人間扱いされていましたが、仕事にあぶれた者は極貧の暮らしを余儀なくされていたそうです。

主人は労働弱者に対しても同じ価値を与えた。そこには能力や業績によって人を評価する軸とは、別の善意と寛大さが働いています。

それは神の目から見た人の価値です。

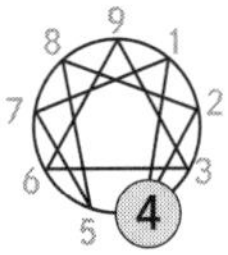

【タイプ４】思春期から青春期の自我を持ち続ける人々

「自分はいったい何者なのか？」

「どこから来て、どこへ行こうとしているのか？」

「自分の人生にはどんな意味があるのか？」

「もし、この人生に意味がないとしたら、わたしは生きることに耐えられるだろうか？」

自分が自分であることの意味を問う——それがタイプ４です。あるいは、それがわたしたちの内なるタイプ４の問いです。

エニアグラムの各タイプについての記述に触れると、最初に自分はタイプ4かもしれないと思うことがよくあります。しかし、タイプ4は独特の気質を持っている人です。タイプ4の自我は〝思春期の自我〟であり、タイプ4の人は思春期から青春期の自我を生涯持ち続けている人だと言ってもいいでしょう。

思春期は自分の内面に意識が向きやすい時期です。人とは違う自分の個性や才能を認めてほしい、どうしたらその個性や才能を十分に発揮できるのか、自信のなさと同時に自分は何者かであるはずだという思い。また、自分は周りの人から理解されにくい、自分の才能は世の中では認められないのかもしれない、自分は他の人とは何かが違っている、どこか特別なところがあるように思える。そういった思いや自意識が、人前で自然に振る舞うのを難しくさせていたりもします。

思春期のころには、とくに文学や音楽、美術などに関心が強く、自分で詩や小説を書いてみようとしたり、作詞作曲をしたり、絵やイラスト、アート的なモノ作りに興味を持つなど、創造性と自己表現に関わるようなことに強く関心を示すことがあります。大人になっても、ただ生活の糧を得るためだけに働いたり、世俗の楽しみに興じているような世の中の平凡な人間には、自分はなりたくないと思うものです。そのような時期を過ごした経験があるという人は少なくないはずです。

タイプ4の根源的な恐れは、自分の人生に意味がないことです。無意味な人生は送りたくない。それは死ぬほど耐えられないことではないでしょうか。だからこそ、生きることの意味を問うのです。そこで、自分の個性というものへのこだわりが生じてきます。

このようなタイプ4の自我は、自分自身がどこから来たのかという〝起源（みなもと）への問い〟——しかし、それは日常の生活に紛れる人々の心からは忘れ去られてしまっているような問い——を持ち続けています。

タイプ4の内面は、自意識の強さや独特の落ち込みやすい気分やムラのある感情、繊細さや傷つきやすさといったものに彩られています。タイプ4にとっては、外の刺激や外の人々はあまりに粗雑で厚かましく感じられるかもしれません。なるべくそこから離れて、自分の内面へと退却したいという衝動が働くでしょう。そこで、タイプ4は孤独を愛する人になります。しかし、この次に紹介するタイプ5「観察する人」とは違って、完全な孤独は耐えがたいものであり、〝内面の友〟（＝自分の内面を理解してくれる存在）を必要としています。タイプ4にとって、自分自身と向き合い、自分の内面の感情と触れ合うことは、孤独でありながら、豊かな時間となり得ます。

ウイングのサブタイプ

4w3　気位の高い趣味人

タイプ4でウイングが3の場合、気位の高い趣味人といった趣があります。美意識が強く、エレガントでハイクラスなものを好みます。人より優れていたいという気持ちがあり、人からどう見えるかを意識した振る舞いをします。もう一方のサブタイプほど内向的ではなく、自分のオリジナリティを認められることと同時に、社会的な承認を求める傾向があります。リソ&ハドソンはこのサブタイプを「貴族的趣味人」と名付けています。

4w5　個人主義的で奔放な人

タイプ4でウイングが5の場合、もう一方のサブタイプよりも内向的です。伝統的な社会規範に従わず、自由奔放で個性的な生き方を求めます。感受性が豊かで個人的な自己表現をし、多少風変わりな趣味やファッションを好むこともあります。自分を一般社会にそぐわないと感じていて、とくに若いころはアウトサイダー的な生き方に惹かれるかもしれません。大衆的なものを軽蔑し、平凡を嫌い、他の人とは違ったライフスタイルを持とうとします。リソ&ハドソンはこのサブタイプを「ボヘミアン」と名付けています。あるいは、日本の近代に夏目漱石ら作家が用いた「高等遊民」という呼び名がいいかもしれません。

本能のバリエーション

自己保存本能優位のタイプ4　感覚的に敏感な人

身の回りのものにこだわりがあります。センスのよいものに囲まれていたい人です。独特の美意識を持ち、洗練されたものを愛し、美しいものに親しみます。生活は規則正しいものではなく、感情や気分に左右され、気まぐれな行動をとりがちで、放縦な生活になることもあり得ます。自分にとってなくてはならないと感じるものは、生活費を削ってでも手に入れようとしたり、急に退屈な仕事や日常に耐えられなくなり、後先考えずに旅に出たりするかもしれません。

性的本能優位のタイプ4　情熱的で夢中になりやすい人

気分や感情の揺れが大きく、心の赴くままに行動します。官能的な文学や芸術を好む傾向があります。自分が惹きつけられる相手を理想化し、その相手との結びつきを求めます。その一方、相手が少しでもその理想に合わないところがあると失望してしまいます。ライバルと見なした相手に対しては強い競争心を燃やすでしょう。自分が求めているものを手に入れている人、自分に欠けているものを思い出させる相手を妬みます。ロマンチックで、感情的に激しいところがあります。

社会的本能優位のタイプ4　アウトサイダー

自分は一般の社会に溶け込むことができにくいと感じています。そこには恥の感覚がありま す。自分は普通の人々とは違っているという意識が強く、普通の人に当てはまることが自分には当てはまらないと感じています。自分を、社会や文化の主流から外れたアウトサイダーと見なします。しかし、社会とのつながりは絶とうとせず、つながりを求めて、文化の主流から離れたカウンターカルチャーに共感し、そういったグループの人々と付き合い、自らがカウンターカルチャーの担い手となることもあります。

コラム1

芸術家とメランコリー気質について

タイプ4は「芸術家」というニックネームで呼ばれることがあります。芸術家はどのタイプにもいるので、ここではその呼び名は使っていませんが、タイプ4が「芸術家」と呼ばれるのはその気質と関係があります。

性格の類型について、古代ギリシャの医学者ガレノスの時代から受け継がれてきた四体液説の中に「黒胆汁質」と呼ばれる気質がありました（第2章）。抑うつ的な傾向の強い、いわゆるメランコリー気質です。メランコリー気質には他に、真面目で責任感が強いといった性格特性が付されていますが、それはタイプ4というより、むしろタイプ1的な気質を表しています。

メランコリー気質は、ガレノスの時代には、陰気で抑うつ的な病的な性格と見なされていたわけですが、中世以降、気分としてのメランコリーの意味合いが強くなってきました。15世紀の版画家デューラーの「メランコリア1」にみられるように、黒胆汁のメランコリー気質は、創造的行為の源泉と考えられるようになってきたのです。タイプ4をメランコリー気質というとき、このような意味合いでこの語を用いています。

近代的な気分としてのメランコリーは、強められた自意識のようなものであり、主観的な感情と結びついています。人生の悲しみや苦しみを受け止める感受性、手の届かないものへの憧れ、悲劇的な運命や死への思い……。

自らが苦しみながらも、その心の中にあるものを表現し、創造せずにはいられない、メランコリックな芸術家のような気質、それがタイプ4の独特の雰囲気、人柄となっているものです。

筆者はここで、ドイツの作家・詩人ヘルマン・ヘッセの生涯に思いを馳せています。ヘッセは、『郷愁』『車輪の下』『デミアン』『シッダールタ』などの小説をはじめ、〝青春の詩人〟と言われる通り、数多くの詩を残しています。ヘッセの作品には、少年時代から思春期にかけての内面の葛藤や自由な精神ゆえの生きにくさ、魂の孤独などが描かれ、世界中の若者の心をとらえ、日本でも多くの若者に読み親しまれた時期があります。

ヘッセは生涯のうちに何度も精神的な危機に陥りながら、詩や小説を書き続け、85年の生涯を全うしています。加えて、ヘッセの生きた時代は、ナチスの台頭から第一次世界大戦、ついで第二次世界大戦という2つの大戦争が起こった時代です。自然を愛し平和を望んでいた詩人にとって、時代そのものが生きにくい時代でもありました。

第一次世界大戦直後に書かれた『デミアン』は、当初別のペンネームで出版されましたが、やがてヘッセは自分の作品であることを認めることになります。青春の詩人は、苦悩の中から「自分自身へと至る道」を歩もうとする求道者的な性格を帯びてきます。「自分はいったい何者なのか?」「この人生にいったいどんな意味があるのか?」その問いへのひとつの答えが、「自分自身へと至る道」を探し、真の自分自身となることなのだと、この小説は語っているようです。それがここで使った「求道者」という言葉の意味なのです。

さらに、高齢となった作家は、老いていく自分を見つめつつ、老齢についてのエッセイや詩をたくさん残しています。その遺稿集が『人は成熟するにつれて若くなる』というタイトルで出版されています。そこでは、内面の葛藤や苦悩、悲しみ、孤独、避けられない老いや死への思いは、その一方で、生きることの意味を深く追求し、自然や何気ない日々の暮らしの中に輝きを見出し、季節や時の移ろいを繊細に受け止める感性の表れとなっています。

その生き方と作品は、わたしたちの人生にも慰めをもたらし、人生の深みを感じさせてくれるものになっています。

コラム2

それでも人生には意味がある

筆者の母はタイプ4で、かなり気分のムラがある人でした。のどかな農村の生まれですが、第二次世界大戦末期、東京の女学校で空襲に遭い、やっとのことで田舎の実家に戻ってくることができたようです。そのことについて、母は娘のわたしにも誰にも、あまり多くを語りませんでした。ただ、東京に出されたのは「口減らし」のためだと母は言っていましたが、おそらくそれは違っていて、母の姉妹の一人から聞いたところから想像すると、他の姉妹より何らかの才能があり、期待されるものがあったために親類のつてをたどって、学校に行かせることになったようです。

空襲で母が目撃し、体験したのは、米軍の戦闘機から落とされる爆弾がさく裂するのが見える場所で、子どもを押しのけ、我れ先に防空壕の奥へ入っていく大人の姿であり、死ぬかもしれないという恐怖でした。そして、戦後すぐに母が目にしたのは、生きるために米兵と付き合う洋装の女性の、少女から見ればどこか憧れを誘う自由でおしゃれな姿、耳にしたのは周囲の大人たちの彼女たちに向ける何やらいかがわしい噂話など……。

そんな少女が、何とか無事に帰ってきた実家の周辺は、以前と変わらぬのどかな農村そのままで、少女はそのとき、何か裏切られた気がしたようです。

その後、母は独身時代を洋裁や文学小説を読むことに費やし、親も母には農作業を手伝わせることもなく、他の姉妹からすると〝わがまま〟に暮らしていたということです。しかし、もともとのメランコリー気質に、終戦前後のトラウマ的な体験が加わり、当時、心のケアなど何もない時代でしたから、母はかなり情緒不安定なまま独身時代を過ごし、親の決めた相手であるわたしの父と結婚することになったのだと思います。

母の抑うつ的な気分を日々、まともに被ったのは一人っ子のわたしで、わたしは自分自身が情緒的に不安定で抑うつ傾向があるのではないかと長い間思っていた時期があります。

わたしが小学生のころ、母はよく墓地の夢を見ると言っていました。暗い墓地にいて、カラスがくちばしで突きに来るというのです。何度もその話を聞かされたことがあります。陰うつで気味の悪い、子どもにとっては聞かされたくないとても嫌な話です。

また、学校から戻ってくると、どんよりと落ち込んでいる母の姿を見ることがよくありました。遊びに行って戻ってきたら、家には不機嫌な母がいる。ちょっとしたことで「死んだほうがましだ」とか、芝居がかった様子で自分を悲劇の主人公のように言う。中学から高校時代には、母から嫌なことを言われてわたしが黙って部屋にこもると、母は2階のわたしの部屋まで追いかけてきて、どう思っているのか、何も感じないのかとしつこく聞いてくるようなことが何度もありました。

　母は専業主婦でしたから、毎日、ほとんど家にいました。わたしはそんな家にいるのが嫌で嫌で、大学進学でようやく実家から離れることができたとき、心が解き放たれたような解放感と自由を感じたものです。

　独身時代から、『嵐が丘』や『ジェーン・エア』『モンテクリスト伯』といった西洋文学を愛読し、洋裁や編み物を習い、獣医の父と結婚し、わたしが生まれ、手作りのおやつを作ったり、わたしの着る服も全部縫ってくれていた母です。キリスト教に関心を持ち、地元のプロテスタント教会で洗礼を受け熱心に通い始めた時期があり、父が定年後何年かたって他界したあとは、教会の人たちとの交わりが中心になっていたようです。洋裁の技術を生かして、パッチワークの大作を仕上げるようにもなっていました。

　長く日記を書き続けてもいたようですが、一緒にいるとふいに不機嫌になったり、心に刺さるような嫌味なことを言ってきたり、その一方で庭の草花を愛で、散歩に出たときの夕日がこんなにきれいだったとか、海に行けば海岸に落ちた貝殻の話を、とても美しく感動的に語ってくれました。

リソ&ハドソンは性格の健全度について、各タイプの健全度を9つの段階にまとめ上げています（第5章）。不健全な段階については、専門家のサポートを必要とすると述べられています。ではなぜ、人は不健全な段階に陥るのでしょうか。生まれ育った環境や成育歴の中でのトラウマ的な体験、またその後のトラウマ的な体験が影響すると考えられるわけです。筆者の母についていえば、明らかにこの戦争体験が影響していました。

おそらく自分の感情をうまくコントロールできないことでいちばん苦しんでいたのは母自身だったのでしょう。もともとの感受性に加え、思春期の戦争体験はどんなに少女の心を痛め、その後の人生に目に見えないところで重くのしかかっていたことでしょう。

母は日記を書き、本を読み、キリスト教に救いを求め、洋裁やパッチワークなどの手仕事をし、庭にハーブを植え、新緑の山を眺め、楽しみ、やがて娘のわたしがものを書く仕事をすることになったことを、ひそかに喜んでもいたようです。母は90歳という寿命を全うしました。

そしていま、もしかしたら想像でしかないかもしれない、母の内面を性格のタイプについての学びに照らし合わせて語るとき、わたしはこんなふうに思うのです。

生まれ育った環境や時代によって、人の心はときに病むほどに影響を受け、自分自身であることに苦しむことがあったとしても、その人生の細部には繊細な感性が宿り、無数の小さな感動や発見があり、自分自身や他者への慈しみがあり、きらきらした光や希望を見出すような一瞬一瞬があるのだと。そして、誰の人生も、人生は生きるに値するものであり、生きる意味があるのだと教えてくれているように思えます。だから、わたしたちは与えられた人生を大切に、生き続けなければならないと、その寿命が尽きるまで、できる限り長生きしたほうがいいと、そう思うのです。

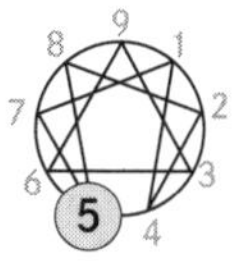

〔タイプ5〕内面の思考の世界に生きる人々

「世界とは私の世界である」（ルードヴィヒ・ヴィトゲンシュタイン）

タイプ5の世界は頭の中にあります。

タイプ5は9つのタイプの中では、もっとも内向的です。人から離れて、自分の内面の世界に退く傾向があります。対人態度についての共通グループでは、タイプ4、タイプ9と共通の遊離型に分類されています。

タイプ4が内面の感情に意識が向かっているのに対して、タイプ5の内なる世界は思考空間の広がりです。「考える人」というニックネームで呼ばれることもあり、頭の中の思考を使って考えるタイプです。

ただ「考える人」と呼ぶと、誰でも自分は考えていると思いがちです。タイプ5は頭の中の思考を使って考えるタイプです。頭の中の思考を使って考えるとは、仮説や推論を働かせ、論理的な筋道をたどっていくということです。頭の中では、具体的なものから共通の要素や情報を抜き出し、抽象化して考えるということもあります。

そういうところから、周りの人は、タイプ5の人の話は分かりにくい、言葉数が少なくて伝わらないといった印象を受けることがあるかもしれません。

頭の中の思考は、現実から離れたさまざまな世界に向かいます。それは宇宙かもしれないし、数字の世界かもしれないし、いまではポピュラーになってきましたが、バーチャルリアリティの世界かもしれません。

思考空間というのは可能性に開かれた世界です。もし、あなたがタイプ5であれば、頭の中に何か引き出しのようなものがあるとか、迷路のようなものがあるといった感覚があるかもしれません。

あるタイプ5の技術者は、自分の頭の中には碁盤の目のような広がりがあるようだと説明してくれました。そこにひとつの考えが浮かび、それをAとすると、またこうも考えられるとBの考えが浮かび、あるいはこうかもしれないとCの考えが浮かび……それらの考えを頭の中でつないでいく。そこから論理の筋道をたどり、推論と仮説が生まれるのだそうです。

また、タイプ5のある管理栄養士の女性は、生活習慣病予防や患者のためのメニューとレシピを考案していました。その仕事のいちばん面白い点は、食事としての味付け、カロリー、栄養価がまるでパズルのようにピタッとハマったときだと言っていました。


タイプ5は「観察する人」という呼び名にも示されているように、物事や事態を理性的に、客観的に受け止めています。表情があまり顔に出ない人が多く、ときに無表情で、クールな印象を与えます。

彼らは頭の中の思考を介して物事をとらえるため、物事の結論にたどり着くまでに時間がかかります。思考はプロセスをたどるもので、一定の時間がかかるのです。そのプロセスを追っているときは、傍から見て、タイプ5の人は何もしていないように見えるかもしれません。しかし、決してぼうっとしているわけではありません。考えているのです。

ですから、タイプ5の人が仕事や何らかの課題に向かっているとき、「早くしろ」と急かすような働きかけは賢明とは言えません。とくにタイプ5の子どもは、親や教師から見て（とりわけ、その大人がこういった内向的な思考タイプとはかけ離れた性格である場合）分かりにくいことがあります。

タイプ5の自我は、タイプ4の自我と似たところがあり、外からの刺激、大きな物音や賑やかさ、自己主張的な人々の威圧感や厚かましさを強烈に感じ、そこから離れて引きこもりたくなる傾向があります。とくにタイプ5は他者との関わりを避けようとするところがあり、ときに周りの人からは、変わった人と思われることがあります。

タイプ5の人物像と言えば、ノーベル賞級の科学者や難解な問題を証明した数学者のような人物を例に挙げてみたくなりますが、ここでは啓蒙主義時代のドイツの哲学者イマニュエル・カントの思想について、筆者の体験から少しだけ触れておきます。カントは『啓蒙とは何か？』の中で、「啓蒙とは、人間が自分の未成年状態から抜け出ることである」とし、「あえて賢くあれ！」と言っています。

思考というものがどのように展開されていくのか、わたしは学生時代、哲学科のゼミでカントの思想から学びました。カントは『純粋理性批判』という大著を刊行しましたが、当時それはあまりにも難解であると言われたため、自らその要約書『プロレゴーメナ』を書きました。哲学科で集中的に学んだのは、この『プロレゴーメナ』のほうでしたが、「経験に先立つアプリオリな認識はいかにして可能か」ということが書かれていました。そして、「宇宙は有限か無限か」「神は存在するのか」といった問いは、純粋理性の二律背反に陥るとして、人間の認識能力を超えているとします。

こういった問題をカントは実践理性の要請としてとらえることになります。当時のわたしが、この難解な思想をどれだけ理解できたか分かりませんが、若いときにこのような思想家の考えに触れ、思考の本質について学ぶことができたことを幸運に思います。

なぜなら、これを学んだことで1990年代に台頭してきたカルト宗教や、現代まで蔓延している根拠に乏しい〝霊感〟、人の迷いに付け込むまやかしの多い〝スピリチュアル〟に、冷静な判断力を持って対処することができるからです。カントがテーマとしたことは、形而上学の可能性と言い換えてもいいですが、形而上学的なことについて語る上では、理性のフィルターを通すことの必要性と重要性を、わたしはいまなお強く感じています。

ウイングのサブタイプ

5w4 超現実の世界に生きる人

タイプ5でウイングが4の場合、もう一方のサブタイプよりも内向的で、自分の世界に引きこもる傾向があります。既成の価値観や概念にとらわれず、誰も思いつかなかったような革新的な発想をすることがあります。超現実的なものや不気味なクリーチャー、恐怖を呼び起こすようなものに惹かれる場合もあります。非常にユニークで個人的なビジョンを持っている人です。リソ&ハドソンはこのサブタイプを「因習を打破する人」と名付けています。因習とは停滞した社会の習慣や迷信を意味しています。そういうものを打ち破っていく人ということでしょうか。

5w6 問題を解決する人

タイプ5でウイングが6の場合、人よりも機械やモノなどに関心があり、科学・工学技術など、理工系が得意な人が多いようです。科学者・技術者タイプで、学者や研究者のような学究的生活を好み、実際的な問題を解決することに関心が向かいます。もう一方のウイングより保守的ですが、必ずしも内向的とは限らず、人と交わり、とくに専門領域について議論することを好みます。リソ＆ハドソンはこのサブタイプを「問題解決者」と名付けています。

本能のバリエーション

自己保存本能優位のタイプ５　孤独と溜め込み

タイプ５の中では、そしてすべてのタイプの中でも、もっとも人と関わらないタイプです。自分のニーズをできるだけ少なくすることで、自立とプライバシーを侵害されないようにし、他人から独立し離れます。自宅や仕事場に引きこもるなどし、自分の世界を大切にします。できるだけ社会的な接触を避けようとし、タイプ５の中でも真に一人であることを好み、もっとも孤独を求めるタイプです。このタイプは昔から〝象牙の塔〟にこもる人と言われてきました。

性的本能優位のタイプ５　「これがわたしの世界だ」

人と強烈に関わりたいという衝動がある一方、同時に人から引いて自分の世界へ退却したいという衝動にかられます。自分の世界を分かち合いたいという欲求があります。自分の世界を理解してくれる人としかつながろうとしません。性的な本能が頭の中の思考とつながり、強烈なイマジネーションの世界や、現実を超越した空想の世界を作り上げることがあります。頭の中の思考と結びついた空想の世界は、不穏でダークな世界である場合があります。頭の中に「これがわたしの世界だ」という、マイワールドを持っているタイプです。

社会的本能優位のタイプ5

スペシャリスト

自分の持つ知識やスキルによって人と関わろうとします。頭の中の思考を駆使し、専門分野において、なくてはならない人になろうとします。他のタイプ5よりも社交性があり、グループでの付き合いもします。専門分野に関する話題を中心に、討論やディベートを好みます。世間話には興味がありません。自分の仕事を理解できない人と関わって時間を無駄にしたくないのです。専門家として人と関わり、社会的な野心を抱いていることもあります。その議論はときに挑発的で、社会の常識を超えています。

タイプ5と心的エネルギーについて

わたしたちが持っているエネルギーには身体的なエネルギーもありますが、心的エネルギーというものもあります。リソ＆ハドソンのエニアグラムから、筆者が学んだことのひとつで、わたしなりの解釈が入っているかもしれませんが、９つのタイプのうちでも、この心的エネルギーの強いタイプがあり、それがタイプ２とタイプ８、そしてこのタイプ５です。タイプ８の場合は、自己主張型でもあり、行動的で、ガッツがありアグレッシブなタイプなので、心的エネルギーが強いというのも納得がいくでしょう。

また、タイプ２ですが、タイプ２の心的エネルギーは他者に向かっていきます。人を助ける人と呼ばれるタイプ２は、他人が何を必要としているかを、素早くキャッチし、相手のために動ける人です。親切な人とか愛情深い人という表現からは、優しげな人のイメージがあるかもしれませんが、心のエネルギーがとても強いからこそ、他人のために働けるわけです。よくタイプ２の人物として例に挙げられるマザー・テレサの活動は、心的エネルギーの強さを表していると言えるかもしれませんし、筆者はここで、ボランティア活動家で「スーパーボランティア」と呼ばれている小畠春夫氏のことを思い浮かべます。小畠さんが実際にタイプ２かどうかは分かりませんが、他者のために活動するということは相当のエネルギーが必要です。

内向的なタイプ５の心的エネルギーは行動面ではなく、頭の中に注ぎ込まれています。将棋の名人戦などを思い浮かべてみてください。どれだけの集中力と集中力の持続が必要でしょうか。

また、そのエネルギーは空想の世界へと注ぎ込まれ、強烈で独特のファンタジーの世界を創造することになるかもしれません。現実の世界からは退却しますが、頭の中は熱い炎が燃えているようです。

コラム

この世界は残酷だ！

タイプ5の世界観について、『進撃の巨人』を例にとってお話しします。『進撃の巨人』は圧倒的な力を持つ巨人と人類の戦いを描いた諫山《いさやま》創《はじめ》氏の漫画で、12年間にわたる連載の後、物語は完結し、アニメ化もされ、世界中にファンがいます。

人類は壁に囲まれた世界で暮らしています。壁の外には人類を捕食する巨人がいて、他の人類は絶滅したと言われています。人類は生き残るために、巨人の謎を解くべく「調査兵団」を組織し、壁の外に向かうのですが、大半の兵士は巨人に食われ、何の成果もあげられないまま、残りの数少ない兵士だけが無残な姿で帰還するばかりです。

あるとき、突如現れた超大型巨人によって壁の一部が破壊され、そこから大勢の巨人たちが壁の中に侵入してきます。人類は巨人の前に無力で、主人公の少年エレンは自分の母親を目の前で巨人に食われてしまいます。巨人を一人残らず駆逐すると復讐を誓って、調査兵団に入団するエレン。やがて、本当の敵は巨人ではなく、絶滅したと言われていた人類——自分たちを敵視し、憎んでいる人類——であることが明らかになります。

ここでは物語のあらすじを説明することが目的ではないので、これ以上は省略しますが、壁に囲まれた世界と人類を脅かす脅威、そして生き残るためには「知る」必要があるということ。これはまさにタイプ5の根源的恐れと欲求を表しているかのようです。人は無知無能であれば生きていけない、だから知ろうとするわけです。

そして、この世界は残酷だ！というのが『進撃の巨人』の世界観です。物語の最初のほうで、エレンの幼なじみで悲惨な体験をした少女ミカサが、まだ家族と幸福に暮らしていたころのことを回想しているシーンがあります。母親と家で父親の帰りを待つミカサ。蝶が舞い、周りの世界は一見のどかで平和に見えますが、ふと植え込みをのぞくとそこではカマキリが蝶を貪り食っている。そして、猟から帰ってきた父親を迎えるミカサは、父が獲物のカモの死骸の首をつかみ、微笑んでいる姿を目の当たりにするのです。

「そうだ、この世界は残酷なのだ」

それが少女の見てきた世界なのでした。

実際、タイプ5の子どもにとっての世界とは、決して大人が子ども向けに手を加え味付けした世界や心地よいメルヘンの世界ではありません。

一方、主人公のエレンは、壁の外の世界にも人類がいて、その人類が自分たちを憎み、滅ぼそうとしていることを知り、ともに壁の中で育ち戦ってきた仲間を守るために、全世界を滅ぼす決意をし、巨人の力を利用してすべての大地と人類を踏みつぶす「地ならし」を発動します。それはエレンにとっての（あるいは、漫画家諫山創氏の）マイワールド、つまり「世界とはわたしの世界である」（ヴィトゲンシュタイン）わけで、圧倒的な世界観がそこにあります。

他方、タイプ5の人が漫画やアニメに興味を持った場合、ファンとしてキャラクターの描かれ方やアニメでの表現のされ方を観察し、分析し、解釈し、そこから作者の意図やキャラクターの心情を読み取ろうとする傾向があります。感情について思考することで、熱を持った感情がこみ上げてくるわけです。

これが、まず先に感情が揺れ動き、その感情を理解しようとし、また表現しようとするタイプ4とタイプ5との違いです。

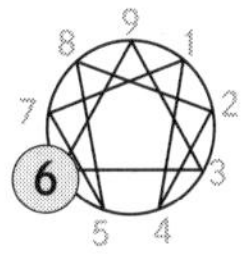

〔タイプ6〕脳内会議を開く人々

タイプ6は「忠実な人」と呼ばれていました。「忠実な人」とは、自分が属する組織やグループ、何らかの信念や伝統的価値観などに忠実であるといった意味合いです。物事に慎重に対処するというところから「慎重な人」と呼ばれることもあります。

しかし、これらの呼び名ではいまひとつ、タイプ6の特徴が表現しきれていないように思えます。タイプ6の中には、恐怖症（phobic）的なタイプ6と、対抗恐怖症（counterphobic）的なタイプ6がいると言われていました。つまり、怖がりのタイプ6と、怖いものに向かっていくタイプ6がいるということです。どちらの内面にも〝恐れ〟があります。

怖いものに向かっていくタイプ6は、必ずしも「忠実な人」とは言い切れません。また、慎重であるとも言えず、ときには勇敢な行動をとり、また場合によっては向こう見ずな行動に走ることもあるでしょう。

しかし、どちらのタイプ6も性格の囚われから解放されると、とても勇敢に行動する人になります。他のタイプよりも、「怖い」ということを知っている人だからこそ、タイプ6は誰よりも勇気のある人なのです。

例えば、災害に遭った人を自らの危険をも顧みず救助に向かう人々、消防隊員やハイパーレスキュー隊の隊員などの行動に、勇敢かつ組織的な動きができるタイプ6的な勇気を見ることができます。これに対して、はじめから怖いもの知らずの人の行動は、本当の勇気からくるものではなく、単なる無謀な行為にすぎません。

タイプ6は人によってまったく違って見えることがあります。そのため、9つのタイプの中でも、ある個人をタイプ6と判定するのが難しい場合があります。タイプ6の人自身が、自分がタイプ6だと腑に落ちるまでに時間がかかることもよくあるものです。

そこで、わたしは両方の特徴を同時に表す呼び名はないかと考えていたのですが、タイプ6は信頼にまつわるテーマや問題を抱えているというところから、「信頼を求める人」という呼び名を用いることにしました。

タイプ6は9つのタイプの中で、もっとも不安や疑いにかられやすいタイプです。それは安心安全を求める欲求へとつながっていて、安心安全の土台は信頼できるかどうかということになります。

あるタイプ6の人は、組織や団体、グループに信頼を置き、その中の一員として、忠実に自分の義務や役割を果たしていると、安心安全でいられると考えるかもしれません。また、あるタイプ6は、自分を導いてくれる師やコーチを求め、その指導やアドバイスに従い、また別のタイプ6は何らかの権威に従い、忠実であろうとするかもしれません。何らかの信念や信条に従うことで、また共通の信念や信条、信仰を持つ人々のコミュニティに属し、そのコミュニティに忠実であることで、安心安全な居場所を見出そうとするかもしれません。

　タイプ6は、図の上では思考センターの真ん中に位置するタイプです。思考機能が働いているのですが、頭の中ではいろんな声が聞こえてきます。

　タイプ1の場合は、心の中で聞こえる超自我の声が「こうすべきである」「これが正しい」と一貫していますが、タイプ6の場合は、頭の中に複数の自分がいて、始終会議を行っているような状態になります。ひとつの案に関して、別の声が聞こえてきて、さらにまた別の声が聞こえてきます。しかし、全体を統率するリーダーがいません。

　考えることの内容は、ネガティブな可能性についての想像が多くなりがちです。この脳内会議はいつまでも終わらず、頭の中の思考がだんだんマイナスのほうに傾き、不安や恐れや疑いがますます増幅してきます。そうして、タイプ6は自分で自分を怖がらせてしまうのです。

　タイプ6は考えれば考えるほど結論が出なくなります。そして、現実認識から離れた妄想世界へと思考が迷走していってしまうことがあります。自分が信頼している人に対しても、信頼感とともに反発心を抱くことがあり、矛盾した感情を抱きがちです。それゆえ、タイプ6の人は「ときどき自分が二重人格ではないかと思う」と言うのです。

ウイングのサブタイプ

6w5 守りを固める人

タイプ6でウイングが5の場合、まじめで自制的、実直な感じがあります。ルールを守り、組織や集団の中で働き、その一員であることに誇りを感じます。何らかの信念や信条に従い、保守的で従うべき伝統を守る傾向があります。技術面での専門家や命令系統がはっきりしていて、チームワークが必要とされるような仕事にやりがいを感じます。起こり得る問題を想定し、未然にトラブルを防ぐ危機管理の仕事などを得意としています。リソ&ハドソンはこのサブタイプを「防衛する人」と名付けています。

6w7 友好的な仲間

タイプ6でウイングが7の場合、もう一方のサブタイプよりも、社交的で、明るく、友好的な感じがあります。いろいろなことに関心を抱き、グループや集団の中で活動します。仲間との付き合いを大切にし、人とのつながりがあることを安全と感じています。わりあいよくしゃべりますが、深刻な会話や重たい話題は避ける傾向があるようです。リソ＆ハドソンはこのサブタイプを「楽しい仲間」と名付けています。

本能のバリエーション

自己保存本能優位のタイプ6　堅実な人

一生懸命働き、自分の責任を全うすることで安心安全を確保しようとします。仕事の面では、組織の中などで、自分が役に立ち、責任を持って関わることで報われるという期待があります。堅実で、几帳面なところがあります。家庭の中の収入や支出、かかってくる税金のことなど、財政的なことを気にかけています。倹約的で、万一のことを考えて、保険や貯蓄をするでしょう。考え方は保守的でしょう。タイプ1と似て見えることがあります。

性的本能優位のタイプ6　受け入れられるような魅力的な人になる

安心感を得るために、強い結びつきを求めます。自分が属する社会や文化の中で魅力的とされている男女のような、身体的な能力や魅力を発達させます。例えば、このタイプの男性は、男性的魅力を磨き、ジムで体を鍛えるなどして、強さをアピールしようとするかもしれません。自分を強く見せようとし、ラフな態度で人に接することもあるでしょう。そういったタイプ6の男性は、タイプ8のように見えるかもしれません。女性の場合も、周りから受け入れられるような女性としての魅力を磨こうとする人もいるでしょう。強さと美しさの魅力の両面を鍛えようとするかもしれません。

社会的本能優位のタイプ6　義務を果たしグループに貢献する

自分を支え励ましてくれるような友人や仲間を求めます。グループの一員であることで、友情の絆と支えが得られ、自分もまた他の仲間を支えようとするでしょう。自分が所属しているグループの信念や信条に従い、その信念や信条、またグループのために働きます。物事の手順や手続きを重視し、安心のための契約を結ぼうとします。自分自身の成功よりもグループへの貢献を目指します。

コラム

与えられたものをどう用いるか——タイプ6とタラントの譬え

タイプ6は信じやすさと疑い深さの両面を持っています。信頼の欠如ということについて、聖書の中で「天の国は次のように譬えられる」とし、イエスが語ったとされる、次のような譬え（マタイによる福音書25章14－30節）をご紹介したいと思います。

ある人が旅に出ることになり、僕《しもべ》たちを呼んで、自分の財産を預けることにしました。それぞれの力に応じて、一人には5タラント、一人には2タラント、もう一人には1タラントを預けて旅に出ました。

5タラントを預かった者は早速それで商売をして、他に5タラントを儲けました。2タラントを預かった者も、ほかに2タラントを儲けました。しかし、1タラントを預かった者は、穴を掘って主人の金を埋めて隠しておきました。

かなり日が経ってから、僕たちの主人が帰ってきて、彼らに預けた財産の精算を始めました。

まず、5タラントを預かった者が進み出て、預かった5タラントを差し出し、他に5

タラント儲けましたと言いました。すると、主人はその僕に「忠実な良い僕だ。よくやった。お前は少しのものに忠実であったから、多くのものを管理させよう。主人と一緒に喜んでくれ」と言いました。

次に、２タラントを預かった者も進み出て、「ご覧ください。他に２タラント儲けました」と言いました。主人はその僕を褒め、「忠実な良い僕だ。よくやった。お前は少しのものに忠実であったから、多くのものを管理させよう。主人と一緒に喜んでくれ」と言いました。

さて、１タラント預かった者も進み出て言いました。「御主人様、あなたは蒔かない所から刈り取り、散らさない所からかき集められる厳しい方だと知っていましたので、恐ろしくなり、出かけていって、あなたのタラントを地の中に隠しておきました。ご覧ください。これがあなたのお金です」。

すると、主人は答えました。

「怠け者の悪い僕だ。わたしが蒔かない所から刈り取り、散らさない所からかき集めることを知っていたのか。それなら、わたしの金を銀行に入れておくべきであった。そうしておけば、帰って来たとき、利息付きで返してもらえたのに。さあ、そのタラントをこの男から取り上げて、10タラント持っている者に与えよ。誰でも持っている人はさらに与えられて豊かになるが、持っていない人は持っているものまでも取り上げられる。この役に立たない僕を外の暗闇に追い出せ。そこで泣きわめいて歯ぎしりするだろう」。

何だかちょっとひどい話に聞こえるかもしれません。これはいったい、何を意味しているのでしょうか。

まず、ここに出てくるタラントというお金の単位ですが、当時の一日の労賃が1デナリオンで、１タラントは６０００デナリオンに相当するそうです。仮に日当1デナリオンを日本円で1万円とすると、１タラントは６０００万円ということになります。１タラントを預けられた者にとっても、それは相当大きなお金の単位であることが分かります。

主人は預けられた金額を倍に増やした僕には、「あなたはわずかなものに忠実であったから、多くのものを管理させせよう」と言って、ほうびを与えています。相当額の金額を「わずかなもの」とも言っています。

その一方、預かったお金を地に埋めてしまった僕には怒って、預けた分も取り上げてしまい、より多く持っている者に与えようとします。

この話は言うまでもなく、持っているお金を投資して増やすことを推奨しているといったことではありません。「タラント」というお金の単位は、古代ギリシャ語を語源とし、〝タレント〟つまり才能や天分のことを意味しています。主人とは神様のことでしょう。神から与えられた才能や天分を積極的に活かそうとする人は祝福されるが、そうでない人はもともと持っているものまで取り上げられてしまう……。

しかも、1タラントを地に埋めておいた僕は、主人を信頼せず、恐れています。恐れから、タラントを地に埋めてしまっているのです。

もし、あなたがタイプ6なら、こんなふうな反応をしたことはないでしょうか？「自分にできるだろうか」「失敗したらどうしよう」「もしうまくいかなかったら……」。

自分自身への信頼の欠如と疑い。それはあなたに何らかの能力や才能を与えた神を疑っているということにもなり得ます。神というのは、とくにキリスト教の神であるとか、何らかの宗教の神に限定する必要はなく、自分が生かされているところの何か大きな存在と考えてもいいでしょう。

タイプ6にとっての感情の囚われは〝恐れ〟です。恐れからは何ものも生まれません。与えられた天分を十分に活かそうとする〝勇気〟を持ちたいものです。

〔タイプ7〕もっともポジティブで楽観的な人々

タイプ7は、9つのタイプのうちでもっとも楽天的で、楽観的なタイプです。明るく、どこに行っても物おじせず、誰とでも気軽に話せて、活動的なところから、明らかに外向的なタイプであり、対人態度はタイプ3、タイプ8と同様、自己主張型であることが分かります。自分がやりたいことをし、自分が欲しいと思うものをストレートに、なるべく早く手に入れようとします。

傍から見れば、人生を楽しんでいる人のように見えるでしょう。実際、タイプ7は人生を楽しみます。周りの人をも楽しませるでしょう。自分が楽しみたいからこそ、周りの人にも楽しんでいてもらいたいのです。エンターテインメント的な仕事や活動で才能を発揮する人もいるでしょう。

しかし、その深層には自由を奪われることへの恐れや心に痛みを感じることへの恐れがあります。その恐れを回避するために、タイプ7は満足感や幸福感が得られるような行動へと駆り立てられるわけです。

タイプ7にとっての自由とは、〝選択の自由〟があるということを意味しています。モノにせよ行動にせよ、自分で選べる選択肢が多ければ多いほど、自由度は増すことになります。たくさんの中から選べて、そこで欲しいものが手に入り、やりたいことができれば、その瞬間には満足しますが、その満足はすぐに次のものを求める衝動へとつながっていくことになります。

これがタイプ7の感情の囚われである〝貪欲〟につながっています。あれも欲しい、これも欲しい。ひとつのものが手に入れば、すぐまた別のものが欲しくなり、また次のものが欲しくなり、求め続けることになります。貪欲とは、まるで食べても食べても満足できず、食べれば食べるほど飢餓感が増すような感じといってもいいでしょう。

次々と自分を満足させてくれるものを求めるのは、十分に満たされているという感覚がないからなのです。そこから欲求不満が生じます。タイプ7は欲求不満を抱えています。

タイプ1も欲求不満を抱え込みやすいタイプです。ただタイプ7と違って、タイプ1の場合は、物事が正しくない、正しいやり方でなされていないなど、自分の基準に合わないことに欲求不満を感じ、批判的になる傾向があります。怒りが生じることもありますが、怒ってはならないという気持ちから怒りを抑えるため、怒りがくすぶってイライラした感じになります。

これに対して、タイプ7は必要なものが十分に与えられていない、欲しいときに欲しいものが手に入らないというところから、欲求不満を感じます。しかし、欲求不満の状態は続けたくないので、だったら自分から手に入れにいこうということになるわけです。欲求不満の解消が、次々と新しいものや新しい経験を求めていくことにつながっています。

タイプ7には心に痛みを感じることを恐れ、幸せでありたいという欲求があります。幸せとは、タイプ7にとって、いつもハッピーな状態でいられることです。刺激があっていささか興奮気味の状態がハッピーな感じです。ハッピーでいるためには、いつもハイテンションな状態をキープしていなければならず、ともすると活動過多の状態になります。しかし、活動過多になると、体力が追い付かず、体力の限界よりも動いてしまい、ついにエネルギー切れのような状態になってしまうことがあります。そうすると、タイプ7は少し鬱っぽくなるかもしれません。必ずしも、いつもいつも明るい人というわけではありません。とはいえ、少しでも体力を回復すると、すぐまた活動的な人に戻るでしょう。

タイプ7は思考センターのタイプであり、他のどのタイプよりも頭の中の思考の回転が速く、考えたことをすぐに行動に移そうとします。あまりじっとしていることがなく、何もせずにいると漠然とした不安が浮上してくることがあります。しかし、タイプ7はそれを不安ととらえず、退屈と感じる傾向があります。退屈だから何かしよう、誰かに会おうと、すぐ行動に移るわけです。

タイプ7の人にとっては、頭の中の思考をスローダウンさせることが必要になってきます。さもないと、いまここに意識を向けることができず、集中できないからです。エニアグラム図の上で、タイプ7はタイプ5とつながっており、タイプ5はタイプ7にとっての統合の方向となります。その意味は、あれもこれもではなく、ひとつのことに集中して取り組み、深めていくことが、タイプ7にとっては性格の統合と自己成長のためのプロセスとなるということです。

ウイングのサブタイプ

7w6 人を楽しませる人

タイプ7でウイングが6の場合、もう一方のサブタイプより、明るくユーモアの感覚があります。社交的で、誰とでも気軽に付き合え、人と一緒にいることを好みます。頭の回転が速く、早口でおしゃべりな人が多いようです。パーティやイベント好きで、自分から人を楽しませるようなことをします。リソ&ハドソンはこのサブタイプを「エンターテイナー」と名付けています。

7w8　現実的に行動する人

タイプ7でウイングが8の場合、もう一方のサブタイプより独立心があり、より実際的で、地に足の着いた感じがあります。野心的で、何かを得るためにエネルギッシュに行動します。現実的に物事をとらえ、ビジネスに関心があり、新しい分野で起業するなど、起業家的な能力があります。その過程で多くの人とつながりを持ちますが、一人ひとりとはあまり深く関わりません。リソ＆ハドソンはこのサブタイプを「現実主義者」と名付けています。

本能のバリエーション

自己保存本能優位のタイプ7　欲しいものを手に入れる

自分の意志がはっきりしていて、エネルギッシュに行動します。欲しいと思ったものは、いますぐ手に入れたくなります。消費行動が多く、ショッピングや旅行、さまざまなエンターテインメント（娯楽）にお金と時間を費やすでしょう。フリーマーケットやバーゲンセールが好きかもしれません。物質的なものが手に入らないと不安を覚えます。ギャンブルや宝くじに魅力を感じる人もいるかもしれません。

性的本能優位のタイプ7　新しもの好き

自分が生きて楽しんでいることを強烈に味わいたい人です。新しもの好きで、ワクワクするような体験や興味深い人との出会いを求めます。自分に刺激を与えてくれる人に惹かれるでしょう。純粋な興味からワクワクさせてくれる相手に近づき、親しくなろうとします。新しい出会いほどエキサイティングで、新しく出会った人とプランを共有し、新しい冒険に出られることを空想し興奮します。大胆なアイデアを実行に移そうとすることもあるでしょう。夢中になりやすい一方、すぐに他の可能性に惹きつけられ、他の人や他のアイデアに乗り換えてしまいます。そうなると、全うできないアイデアだけが残ることになりかねません。

社会的本能優位のタイプ7　好機を逃したくない

熱意や関心を共有できる人たちとグループを作ります。刺激を与えてくれる人や新しい可能性について情報をもたらしてくれる人々と付き合い、何か社会的に意義のあるプロジェクトを推進しようとします。しかし、同時にいくつものグループと関わり、エネルギーが拡散しがちです。結論の出ない企画会議やミーティング、懇親会に時間を費やし、どのグループとの関わりも表面的で中途半端になりがちです。そうなると、プロジェクトを全うできない場合があります。

コラム

使命の予感――アシジの聖フランチェスコと清貧

タイプ7の人物像としては、よくテレビなどのメディアで活躍しているお笑いタレントなどが例に挙げられることがあります。しかし、ここではカトリック教会で聖人の列に挙げられているアシジの聖フランチェスコの生涯について振り返りながら、タイプ7の性格と本質について考察していきたいと思います。

フランチェスコは12世紀後半、イタリアのアシジに裕福な織物商の息子として生まれ、贅沢な暮らしをしていました。陽気な性格で、毎日のように仲間と宴会を開き、町に繰り出しては乱痴気騒ぎを繰り返し、思いつく限りの遊びに興じていましたが、人を笑い転げさせるような快活さと機知があり、周りの人から愛される人気者でした。

ところが、あるときフランチェスコは神の声を聞き、それまでの生活を一変させて、清貧の生活を貫くことになったのです。当時のイタリアでは近隣都市の間で戦いが繰り返されていました。フランチェスコは自分も参戦し、武功を立てて騎士になることを夢見ていました。彼の父も、息子が騎士になるのは名誉なことなので、貴族と見まがう武具を用意し、戦いに送り出しました。

隣国との戦いで捕虜になったフランチェスコは、約1年間牢獄に入れられた後、解放されてアシジに戻ることができましたが、他国との戦いが起こると再び参戦するために装備を整えて出立しました。しかし、その途上で「家に帰りなさい」という声が聞こえたため、戦わずにアシジに戻ることになったのです。

その声を聞いてから、フランチェスコは以前とは人が変わったようになり、心ここにあらずの状態で、仲間うちでは恋煩いにでもかかったのではないかという者もいました。以前のように宴会をしなくなったフランチェスコは、代わりに貧者を食卓に招くようになり、道で貧者に出会うと身に着けているものを施すようになりました。森や野が広がるアシジの郊外に馬を走らせたときには、重い皮膚病を患う患者たちが閉じ込められている場所で馬を降り、勇気を振り絞って皮膚病患者に近づき、膿が出て悪臭を放つ患者の手を取り接吻しました。その瞬間、何か聖なる光に照らされるように感じ、フランチェスコの心の中に大きな変化が生じたということです。

フランチェスコは、町はずれの原野にある朽ち果てた聖堂でたびたび祈るようになりました。そこで再び声が聞こえ、「わたしの家を建て直しなさい」と命じられたので、彼はその声に従って、さっそく聖堂の修繕に取り掛かりました。

後の世になって分かることなのですが、「わたしの家」というのは、イエス・キリストの弟子であった使徒ペトロが初代教皇となり、ローマを中心に発展したカトリック教会そのものを指すものでした。当時のカトリック教会は、神の教えに従うより、世俗の権利や欲望との結びつきが強くなり、聖職者の中には金銭欲や好色、美食に走るものもいて、堕落しかかっていました。

町の人たちは最初、裕福な商人の息子がぼろをまとって町に現れ、家々を回って托鉢する様子に、「フランチェスコがおかしくなった」と噂しあい、嘲笑していました。中には石を投げる者までいたということです。

彼の父親は、何とかして息子を家に連れ戻そうとしますが、その息子が町はずれの朽ち果てた聖堂を修繕する費用を捻出するために、高価な織物を盗み出して売り払ったことを知ると烈火のごとく怒り、息子を町の裁判所に訴えます。しかし、フランチェスコが出頭しなかったため、今度は町の聖職者である司教（神父）に訴えました。神に仕える司教の前には、フランチェスコも出頭しないわけにはいきませんでした。

町でいちばんの金持ちの有力者が自分の息子を訴えたことは、町じゅうの噂に上り、大勢の人が見物に詰めかける中、司教が人々の前でフランチェスコにこう言います。

「お金は父親に返しなさい。そのお金は正しい方法で得たものではないので、教会のために使ってはならない」。

すると、フランチェスコは、着ていたものを全部脱いで裸になり、服とお金を残らず父親の前に差し出して言いました。

「これらはすべてお返しします。ピエトロ＝ディ＝ベルナルドーネ（父の名前）はもはやわたしの父ではありません。これからは、天の御父のみをわたしの父と呼びます」。

あたりは一瞬静まり返り、やがて見物人たちの間に感動の波が伝わり、中には目に涙を浮かべる者もいました。司教も深く心を動かされ、フランチェスコの裸の体に、自分のマントを広げてそっと覆ってやりました。ただ、父親だけは怒りに顔をこわばらせたまま、お金と服をつかんで、その場を去っていきました。

このシーンはフランチェスコの前半生を描いた『ブラザーサン・シスタームーン』（１９７２年、フランコ・ゼフィレッリ監督）という映画で見ることができます。

フランチェスコは祈りの生活を続けながら、粗い布の衣に縄の帯を締め、裸足でアシジの町を歩き、人々に神の言葉を伝えるようになりました。初めは彼のことを嘲笑していた人々の中にも、その生き方に共感する者が現れるようになってきました。そして、弟子になりたいという青年が１人、２人、３人、４人と現れるようになりました。

フランチェスコとその兄弟たちは、モノを所有せず最小限のもの以外は求めない徹底した清貧の生活を送り、奉仕のための労働と、祈りと、神の言葉を伝えることに力を注ぎました。その日その日の食べ物は、器を持って人々の家をめぐり、施しを求める托鉢の生活です。刈り入れの農夫を手伝い、病院で働くなどしたときは、その日のパンとひとすくいの水だけを求め、他には何も求めませんでした。町の人々も、やがては彼らに畏敬の念を抱くようになりました。

フランチェスコとその兄弟たちは、自分たちの生活の規則を書き記し、カトリック教会の最高権威である教皇の認可を受けるために、ローマに旅立ちました。

ときの教皇インノケンティウス３世は、謁見を申し出た兄弟たちを、彼らがあまりにみすぼらしくぼろをまとっていたために胡散臭く思い、追い払ってしまいました。しかし、その夜、１本の棕櫚《しゅろ》の木が足元からゆっくり伸び、やがて途方もない大きさに達するという夢をみて、自分が追い払った修道士こそ、神が示されたその棕櫚の木だと悟り、彼らと謁見し、モノを所有せず清貧の生活を貫く修道会を認可しました。一般にはフランチェスコ会と呼ばれるその修道会は、全世界に発展していくことになります。

生来の明るく陽気な気質と贅沢三昧の暮らしから、一切の所有物を持たず、粗布の着物に縄の帯を締め、清貧の暮らしを貫いたフランチェスコ。そして、彼のもとに集まってきたアシジの青年たち。のちに、高位の貴族の家庭に生まれたクララも加わり、女子修道会が発足しました。

彼らは「もし、あなたが完全になりたいと思うなら、行ってあなたの持ち物を売り払い、貧しい人々にほどこしなさい。そうすれば、天に宝を積むことになるだろう」（マタイによる福音書第19章21節）という言葉を実行に移したのです。

※参考：『歴史感動物語11　世界史Ⅰ　聖フランチェスコ　清貧をつらぬいた求道の修道士』
文＝中嶋真澄（筆者が執筆を担当）Gakken

この聖人の生き方が、どれほどタイプ7の人の心に響くか分かりませんが、次々とプランを立てモノや体験を求める、興奮状態をハッピーと感じる自我の動きと、一切の所有物を手放し、清貧の暮らしを貫き、瞑想的な祈りの時間のうちにある生き方は、タイプ7の性格の本質にあるものを指し示しているのではないかと、筆者には思えるのです。

タイプ7の本質には、感情の囚われである貪欲の対極にある、瞑想的な、覚醒した意識の広がり、明澄さがあります。

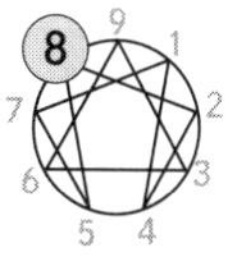

〔タイプ8〕エネルギッシュでアグレッシブな人々

タイプ8は、9つのタイプの中で、もっともエネルギッシュでアグレッシブなタイプです。声が大きく、堂々として、場を仕切り、ときにひと声で人を動かすことができるので、統率する人と呼ばれることもあります。本書では、統率することよりも単独で行動する傾向の強いタイプ8もいることから、挑戦する人と呼んでいます。

タイプ8は自らの弱さを受け入れることができません。弱いと生きていけない、だから自力で生きていけるよう、強くあろうとします。すべてのタイプのうちで、もっとも自立しているタイプであり、自立しすぎていると言ってもいいかもしれません。人の助けを必要としているときでも、人の助けを求めることができません。

それは、人には自分の弱みを見せない、どんなに困っていても他人の世話にはならないといった〝強がり〟となって表れます。「この程度のことで弱音を吐くな」と自分自身を過酷に扱うことになり、同時に、他者に対しても〝泣き言〟を許さず、過酷な態度をとることになります。この世界はタイプ8にとって、「強くなければ生きていけない」世界なのです。

タイプ8は支配されることへの恐れを、自分がすべてをコントロールすることで克服しようとします。自らが支配的になるわけです。

忍耐力に欠け、対人関係などでのストレスが持続するのは耐えがたく、たいていは自分から関係を断ち切ってしまいます。タイプ8の深層には、自分は人から受け入れられない、人から好かれない、愛されていないといった拒絶の感覚があります。その痛みが、他者から拒絶される前に自ら他者を拒絶するという形で、自分を守ることにつながっていきます。

愛にまつわるテーマでは、タイプ8とタイプ2は対極にあると言ってもいいかもしれません。タイプ2は、自分は愛に溢れる人で、愛を分け与えることができると思っています。そこには誰よりも愛を求める気持ちがあります。タイプ2は愛されたいから愛するのです。自らの必要を認めず、他者の必要を満たすことによって愛を得ようとします。

タイプ8は自分の中には愛がない、だから一人で強く生きていくしかない、自分が生存するためには強くなければならないので、自らの内なる優しさやあたたかさといったものをも断ち切ってしまいます。

タイプ8の説明で、「正義感が強い」と表現されているのを目にしたことがあります。しかし、この説明だとタイプ8の自我を適切に言い表していることにはなりません。エニアグラム図の上では、三角形の頂点にあるタイプ9をはさんで右にタイプ1、左にタイプ8が位置しています。

タイプ1とタイプ8を比較すると、タイプ1の自我は、正しいか正しくないかを基準とし「自分は正しい」あるいは「正しくあろう」とします。タイプ1の深層には、自らの超自我に従うところの、自分は正しいことを知っているという前提があり、まさに〝正義感の強い〟タイプと言えます。それは外の社会の価値観や基準とも一致しています。あるいはそういった基準を取り込んだものであるとも言えます。

タイプ8は〝自分が正義〟です。タイプ8の超自我は、タイプ1の超自我のように「〜すべき」「すべきでない」という命令や禁止ではなく、「自分はこうだ」「これが正しい」と自我の欲求や衝動を容認し、後押しするものです。その正義がどのようなものであるかは、個人の健全度によって、より普遍的であるのか、より利己的なものであるのかが違ってくるでしょう。

また、タイプ1は「善い」「悪い」という基準で言えば、自分を「善き者」あるいは「善くあろうとする者」ととらえています。その一方、タイプ8は自分を「悪い者」ととらえる傾向があります。あるいは「悪を楽しむ」「ワルな自分」がいます。それが、ときにユーモアの感覚として表れることもあり、場合によっては度の過ぎた悪戯《いたずら》になってしまう場合もあります。

ウイングのサブタイプ

8w7 独立した人

タイプ8でウイングが7の場合、もう一方のサブタイプよりも独立的で、単独行動を好む傾向があります。アグレッシブでエネルギーに溢れ、冒険を好み、リスクの大きいことにもチャレンジします。エキサイティングな可能性を考えて、自分から事を起こそうとします。実際的で結果志向です。何でもやりすぎる傾向があります。もう一方のサブタイプより、茶目っ気があり、悪童のような自分を楽しんでいるところがあります。リソ&ハドソンはこのサブタイプを「独立した人」と名付けています。

8w9　統率する人

タイプ8でウイングが9の場合、もう一方のサブタイプより落ち着きがあり、度量が大きく、どっしりと構えています。家庭的な傾向があり、自分の家族や他人であっても家族のように受け入れ、面倒を見ている人々を守ろうとします。ボス的で自分が皆を仕切っています。他人が自分のテリトリーに踏み込んでくることを嫌い、踏み込まれると怒りを露わにすることがあります。リソ&ハドソンはこのサブタイプを「統率する人」と名付けています。

本能のバリエーション

自己保存本能優位のタイプ8　サバイバルと満足

きわめて現実的で、実際的なことに関心があります。生きていくために必要な収入を得ること、生活費を稼ぐことに集中します。自分だけではなく、自分の愛する人や家族の生活を保障するためのものを手に入れようとします。人付き合いは広くなく、自分の身近にいる家族などを自分が仕切ります。他のタイプ8よりも、物質主義的な面があります。お金は力であり、影響力であり、より多く稼ぎ、より多く金銭を所有することが、自らの重要性のシンボルとなります。縄張り意識が非常に強く、自分の財産、個人的なテリトリー、職業的立場、所有物を守ります。

性的本能優位のタイプ8　全部自分でやる

タイプ8の中ではもっとも静かな強烈さを持ち、興味のある対象や人物と深く関わろうとします。全部を自分で仕切ろうとし、人と群れるよりも単独行動を好みます。ひとつのことに熱心に取り組み、人に影響を与えたいと思っています。スリルを味わい、難易度の高いことに挑戦し、やり甲斐を感じます。権威に対して反抗的で、善良さにはイライラし、悪戯《いたずら》っぽいユーモアや、ときに毒のある冗談を言います。悪を楽しむところがあります。愛情深く、献身的にもなりますが、裏切りを許しません。パートナーをコントロールしようとするかもしれません。

社会本能優位のタイプ8　仲間を大事にするボス

自分が全体を仕切り、人を動かそうとします。自分のもとに集まる人々を、仲間や兄弟（姉妹）分のように気にかけ守ります。信頼関係を大切にし、どちらかというと同性の仲間を作る傾向があります。自分や自分が統率するグループへの忠誠心を求めます。信頼できる仲間と友情を深め、飲食を共にすることを好みます。大風呂敷を広げ、誇張したストーリーを語ることがあります。裏切りを許さず、裏切られたと感じた相手を、そののち受け入れることはありません。

コラム

怒りと無邪気さと「復讐自我」

医者の家系に生まれ、親の代から地域医療の中心となってきた一族の中で、病院の経営管理に携わってきた男性にお会いしたことがあります。筆者が仕事の関係でその方にお会いしたときには、すでに80歳を超えておられましたが、かくしゃくとして、声も大きく張りがあり、活動的な日々を送っておられました。人の面倒見も良く、ユーモアもあり、院内では病院長から他のドクター、看護師、セクレタリー、食堂の従業員、清掃担当者、出入りの業者まで、分け隔てなく接しておられました。本人はその地方の名士であり、すばらしい一族の中の統率者でした。地域の人々からも親しみを持たれていた方です。

わたしはそのとき、その方の半分ぐらいの年齢でしたが、「あなたは話が通じる」といって、セクレタリーの方とともに、仕事での来訪であるにもかかわらず、何度かにわたる取材の時間をとても心待ちにしてくださっていました。

ところが、その方には外からは見えない兄弟間の確執があり、兄弟のうちの誰彼によって裏切られたという思いを強く抱いておられました。とある事情で、わたしはご本人からその話を伺うことになったのですが、ただひたすら、一族と病院経営のために力を注ぎ、親の代の小さな医院を発展させてきたその人にとって、病院を分断するような兄弟の行為がどうしても許せず、生涯その思いを持ち続けられたようです。そしてその思いを諸々の経緯《いきさつ》とともに、どうしても公にせずにはいられなかったのです。

兄弟の方からすれば、別の言い分があったかもしれません。しかし、タイプ８は大事なことであればあるほど、力が入りすぎ、周りの人、とくに家族や身近な人の感情や思惑に気づかないまま、突き進んでいく傾向があります。

そして、周りの反抗や抵抗にあったとき、自分の思いが裏切られたという気持ちから、相手に思い知らせてやりたいという強い感情が生じるわけです。それはまるで劫火のように腹の底から湧いてくる怒りです。

オスカー・イチャーソは、タイプ８を「復讐自我」と名付けていました。タイプ８は自分を裏切った（とみなした）相手を「ぜったいに許さない」「許せない」と思います。

何らかの形で報復しなければ気がすまないと思います。

実はそれが内面の傷の深さを意味しているのですが、本人は自らの心の痛みを遮断し、それはただ腹の中の怒りとしてしか感じ取れません。

怒りの背後には傷ついた心や悲しみがあるといわれることがあります。タイプ8の怒りには実際、〝踏みにじられた〟と感じる心の痛みが隠されています。踏みにじられたと感じるものは、タイプ8の中にあるピュアな部分、無邪気さなのかもしれません。

わたし自身、ある人の仕打ちに対して、そのような怒りにとらわれたことがありました。その怒りは簡単に克服できるものではなく、悶々として苦しい時期が続きました。

あるとき、聖書の中に次のような言葉を見つけました。

「自分で復讐せず、神の怒りに任せなさい」「『復讐はわたしのすること、わたしが報復する』と主は言われる」（ローマの信徒への手紙第12章19節）。

わたしはこの言葉によって、以前から関心は持ち続けていたものの、洗礼を受けるまでには至らなかったキリスト教、カトリックの洗礼を受けるところへと導かれていきました。

そのころ、イチャーソの「復讐自我」という言葉はまだ知らなかったのですが、聖書のこの言葉は筆者の中のタイプ8的な心の囚われに、鋭く突き刺さるものでした。

聖書には続いてこう記されています。

「あなたの敵が飢えていたら食べさせ、渇いていたら飲ませよ。そうすれば、燃える炭火を彼の頭に積むことになる。」（第12章20節）。

これらの言葉は、わたしにとって心の大きな転回点（メタノイア）となったのでした。

〔タイプ9〕ゆっくりゆったりマイペースな人々

エニアグラム図の頂点に位置するタイプ9は、おっとりした性格で他のどのタイプよりもゆったりした時間感覚を持っています。物事に対する構えは楽観的で、たいていのことは何とかなるだろうという思いがあり、めったに慌てることはありません。人に対しては寛容で、たいていの人を受け入れます。タイプ9の人はその気質からして、人をほっとさせるような独特の温かい雰囲気があります。

ただ、その寛容さや楽観性の背後には、「怠惰」という感情の囚われがあります。これは単に怠け心を起こしてダラダラしているとか、ごろ寝をしているとか、やるべきことをさぼっているといった意味ではありません。そういった行為ではなく、本来なすべきことをせず、自らを成長させようとしない心の傾き、精神的な怠惰を意味しています。

日常の場面では、他人が励んでいても、「よくやるなあ。自分はそこまでできない」とか、「やればいいのは分かっているけど、やる気が起きない」「自分にはムリ」といって動かない。自分を低く見積もり、自己評価を低くしておくことが、動かない言い訳になっています。タイプ９はこのとき、実際に自分にはそれだけのエネルギーがないと感じ、まるで「電池切れ」のような感じと表現する人もいます。

問題を直視せず先送りにしてしまう、そして目の前の雑事にかまけてしまう、というのもタイプ９にみられる特徴です。

しかし、タイプ９は本能センターのタイプであり、いったん動き出せば、底力と持続力を発揮し、時間をかけて物事を成し遂げることができるはずなのです。そのことが、エニアグラム図の上ではタイプ９にとっての統合の方向、タイプ３につながる線によって示されています。

本能センターの各タイプは、腹の底に怒りを抱えています。「腹が立つ」という表現通り、怒りは腹から湧いてくる。タイプ8はその怒りを表に出すことを恐れません。「おれは、わたしは、怒っている！」と。タイプ1は腹が立っても「腹を立ててはいけない」と思い、怒りをコントロールしようとします。しかし、怒りが消え去るわけではありません。タイプ9は腹が立っても、その怒りを切り離してしまいます。本人は、しばらく後になってから、自分が腹を立てていたことに気づくことがあります。腹の中に怒りがある間は、かたくなになり、動かなくなることもあります。そして、何もしないというやり方で相手を攻撃する受動攻撃という手段をとることがあります。

本能センターの真ん中に位置するタイプ9は、通常、腹の力である自分の本来のエネルギーを切り離している状態です。そのときには、頭の中の思考と感情の入り混じった心地よい空想の世界に入り込んでいます。

タイプ9の人の中には、想像力が豊かで、人や自然界、あるいはこの世のものではない存在が登場するような、独特の空想世界を作り上げる人もいます。筆者はここで『ゲゲゲの鬼太郎』の作者である水木しげる氏を思い浮かべています。

ウイングのサブタイプ

９w８　対立を収めようとする

タイプ９でウイングが８の場合、もう一方のサブタイプよりパワフルです。とはいえ、タイプ９の特徴である、落ち着いていて気楽でおおらかなところもあります。習慣的な行動を好みますが、ある程度、主体的に自分から動いていきます。周囲の状況や人との関係を気にかけ、関係が悪化しそうだと、できるだけ葛藤が起こらないようにとりなすなど、平和を保とうとします。自分の中の怒りに気づいており、怒りに駆り立てられて動き出すところもあります。リソ＆ハドソンはこのサブタイプを「審判」と名付けています。

９w１　心地よい空想にひたる人

タイプ９でウイングが１の場合、もう一方のサブタイプより空想的で、自分の頭の中の心地よい空想の世界に浸っている夢想家です。悠久の歴史や広大なファンタジーの世界を好む人もいます。タイプ８のウイングを持つタイプ９よりも保守的で、完全主義的な面があり、秩序を重んじる傾向があります。個人的には周りの人とあまり深く交わらず、どこか超然としています。セルフコントロールが働き、怒りを抑圧していて自分の怒りにはあまり気づきません。リソ＆ハドソンはこのサブタイプを「夢想家」と名付けています。

本能のバリエーション

自己保存本能優位のタイプ9　快適さを求める

人生に多くを求めず、気楽な暮らしをしたい人です。あまり出歩かず、家で快適に暮らすのがいちばん。手に入りやすいシンプルなもので満足できます。大志を抱かず、何事にも大きな期待を持たず、そこそこでいいと思っています。平和で穏やかな家庭を作れますが、ともすると、毎日同じようなことの繰り返しになることがあります。何もしないことが気楽で、あまり動かず、習慣的な行動を続けます。

性的本能優位のタイプ9　一体化する

タイプ9の中でも、他の2つのサブタイプより気が強く、怒りを表に出すこともあります。そのため、自分はタイプ8の要素も強いと感じる人もいます。アグレッシブでエネルギッシュな人に惹かれ、その人のエネルギーを自分の中に取り込もうとします。相手と一体化し、相手のことが主な関心事になり、相手の欲求や考えが、まるで自分のことのように感じられることがあります。相手に溶け込むような感じで、自分自身のアイデンティティの境界を見失ってしまう場合があります。

社会的本能優位のタイプ9　参加し、つながっている

誰に対しても分け隔てなく接する人です。人と関わり、人を受け入れ、人と人とを結びつけます。自分が所属するグループや集団に順応します。大きな家族のような、来る人は誰でも受け入れる緩いグループやコミュニティを作ることもあります。たとえ、自分がその中心にいたとしても、前面に出てリーダーシップを発揮するより、誰かに任せて見守ります。さまざまな人やグループと関わるので、一つひとつのグループに十分にコミットする（関わる）のが難しくなる場合があります。

コラム

つながりと真の心の平和は、瞬間瞬間にある

タイプ9は、葛藤を避けることで心の平和を保とうとします。葛藤をもたらすものが大きければ大きいほど、目の前の事態を直視せず、心の中の心地よいデイドリームの世

界に引きこもろうとする傾向があります。

しかし、それで真の平和が得られるわけではなく、漠然とした不全感が付きまとうでしょう。常に何かスッキリしない感じで、やる気が出ない、自己評価が低いところにとどまってしまう、何となく抑うつ的な状態が続くといった状態になりかねません。

わたしたちを取り巻く現実は、決して心地よいだけの夢のような世界ではありません。生きている限り、さまざまな葛藤が引き起こされる事態や場面に直面します。自分の力ではどうしようもないことが起こることもあります。心の中に悩みや苦しみを抱え、自分でも処理しきれない感情が渦巻いていることもあります。

身の回りで起きていること、事故や災害、親しい人の病気や死、経済的に困窮する人々、世界のどこかで起きている戦争や内紛、飢餓……。

そういったことは見ないようにしよう、聞かないようにしようと思えば、できないことはないかもしれません。

けれども、それで真の心の平和を得ることができるわけではなく、ただただ心を鈍くするだけになってしまうでしょう。

タイプ９の人が葛藤を避けることなく、この世界で地に足を着けてたしかに存在することができれば、その本質にある美徳である「つながり」（リソ＆ハドソン）の真の意味が理解できるようになります。タイプ9の美徳は「行動」とされてきましたが、すでにタイプ9の統合の方向への動きが、目的を持った行動ということになるので、美徳としてはリソ＆ハドソンが挙げている「つながり」のほうがよりふさわしいと思います。

「つながり」は身近な人とのつながりから、世界中の人とのつながり、人と自然とのつながり、過去から未来への悠久のとき、地球と宇宙の星々のつながり、現実の世界とそれを超えた世界とのつながり、あらゆるものとのつながりを意味しています。わたしたちは全体の中のひとつであり、一人の人やひとつのものは全体の中にあるのだという、つながりです。わたしたちはつながっている、世界はひとつだという全体性への意識です。

とはいえ、現実にはさまざまな分断や分裂があります。世界のいたるところで、争いや諍《いさか》いがあり、その背後には敵意や憎しみがあります。しかし、その一方には、敵意や憎しみを超えた信頼や友愛、理解や共感があります。それもまた、たしかなことではないでしょうか。

人と人とがつながり、すべてのものとつながっている、そして、すべてのものはつながっている……。そこには愛と喜び、そして希望があります。

タイプ9がエニアグラム図の頂点に位置しているのは、こういったつながりを表していると言ってもいいかもしれません。

本能センターの、しっかりと身体に根差し、地に足の着いた感覚が、深い呼吸とともに、いまこの瞬間の自分とつながることを可能にします。自分自身とのつながりを感じることで、そのつながりの意識を自分の周りから、世界全体に広げていくことができます。このつながりの感覚は、いまこの世界がどうあれ、真の心の平和をもたらします。

タイプ9は平和を求めるだけではなく、平和を作り出す人でもあります。

第8章

性格から本質へ

——固着と聖なるアイデア

思考の囚われとは何か？

初期のエニアグラムで重視されていたのは、感情的な囚われ（Passion）と美徳（Virtue）、思考の囚われである固着（Fixation）と聖なるアイデア（考え〔Holy Idea〕）の4つでした。しかし、イチャーソからナランホが深めたエニアグラムが、北米を中心に世界中に広がっていくと、一般には性格を9つのタイプに分類するタイプ論としての側面に主な関心が集まり、感情の囚われと美徳あたりまでは、タイプ論の中でも言及されることはあったかもしれませんが、固着と聖なるアイデアに関しては、ほとんど取り上げられてきませんでした。

その理由のひとつは、思考の囚われと聖なるアイデアという考え方そのものが、あまり一般的ではなく、なかなか理解できるものではなかったからだと思います。

固着（Fixation）は周りの世界や物事の認識の仕方における偏りであり、認知の歪みを意味しています。わたしたちは世界をある特定の仕方で認識しています。それは現実（リアリティ）そのものの認識ではなく、世界を自我の思考の枠組みの中でとらえているということです。それが固着と呼ばれるものなのです。つまり固着とは、自我レベルにおけるこの世界のとらえ方を意味しています。

〈グルジェフからイチャーソに受け継がれてきたセンター図〉

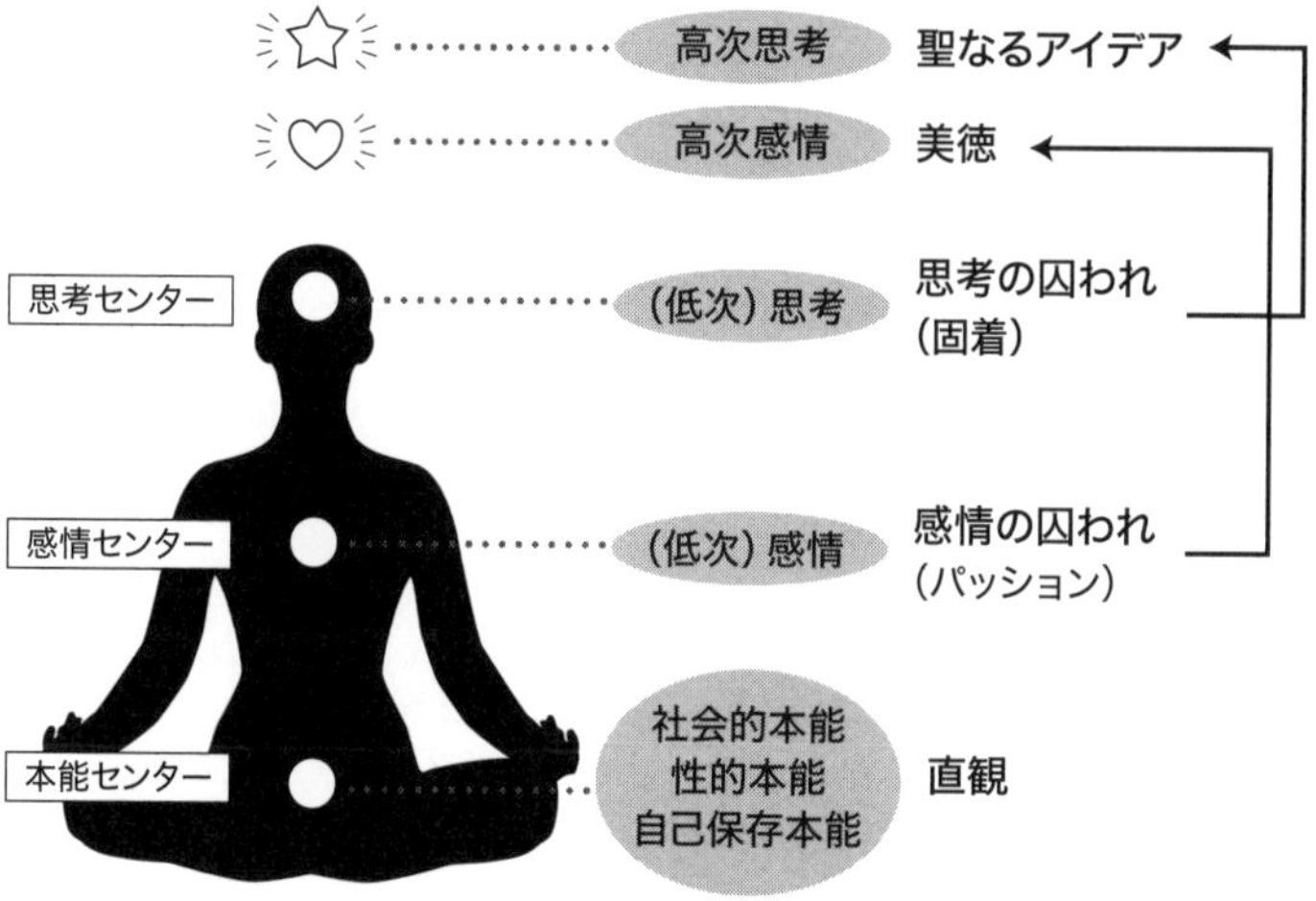

また、固着に対して、わたしたちの本質に根差しているとされるものが、聖なるアイデア（Holy Idea）と呼ばれるものです。（上図参照）

繰り返しになりますが、固着と聖なるアイデアについては、感情の囚われや美徳よりも、はるかに理解しづらい面があります。なぜなら、固着は、わたしたちが世界をそのように見ている認識の仕方そのものであり、そのように世界をとらえているということですから、その認識を超えて世界や現実（リアリティ）をあるがままに見るということは、通常の意識状態ではできないことだからです。

例えば、怒りや妬みといった感情の囚われは、常にそういう状態にあるわけではなく、その感情が強く湧き上がるときもあれば、鎮まっているときもあります。そのため、自分がどのような感情にとらわれていたのかは、ある程度自覚できます。

それに対して、思考の囚われである固着は、わたしたちが常に世界をそのように見ているレンズのようなものであり、今風に例えて言えば、世界をＶＲ（Virtual Reality）ゴーグルをかけて体験しているようなものです。そのゴーグルが9種類あるということになります。

もし、自分がＶＲゴーグルをかけていることを知らなければ、ＶＲゴーグルを通して認識している世界がリアリティそのものだと思うでしょう。

しかし、人は生まれながらにそのようなＶＲゴーグルをかけているわけではありません。初期のエニアグラム教師たちの考え方によると、思考の囚われは、生まれてからのきわめて早い時期からその後の成長過程において強化されていくもののようです。

こんなふうに言ってもいいかもしれません。人は子どもから大人になるに従って〝現実的〟になっていくわけではなく、むしろリアリティに対する思い込みが固定化され、現実から離れていく……。わたしたちは大人よりも幼い子どもの純粋な見方のほうが、人や物事の本質を見抜いていると思われるようなことをときどき経験するものです。

固着に対する聖なるアイデアは、先ほどのＶＲゴーグルの例で言えば、ゴーグルを外したときのリアリティそのもののとらえ方です。特定の意識状態ではなく、現実を見る目覚めた視点であり、９つの目覚めた精神を表しています。

各タイプの聖なるアイデアは、わたしたちが生まれながらにしてリアリティのある特定の側面に敏感であるということを示していると考えられています。成長するにつれて、とくに敏感であった聖なるアイデアとの接触を徐々に失っていき、その代わりに特定の固着が生じるというのが、初期のエニアグラム教師たちの考え方です。

固着と聖なるアイデアについては、イチャーソの考え方をナランホが修正、また、リソ＆ハドソンではさらに別の言葉が当てはめられているところがあります。ここではリソ＆ハドソンによる固着の解釈を表す図を挙げておきます。聖なるアイデアには、２つか３つの名前があり、それらは三者でおおむね一致しています。

各タイプの固着と聖なるアイデアについて、わたし自身もなお探求の途上にあり、不十分な理解と解釈になるかもしれませんが、以下にまとめてみたいと思います。

〈固着と聖なるアイデアのエニアグラム〉

固着（THE FIXATIONS）

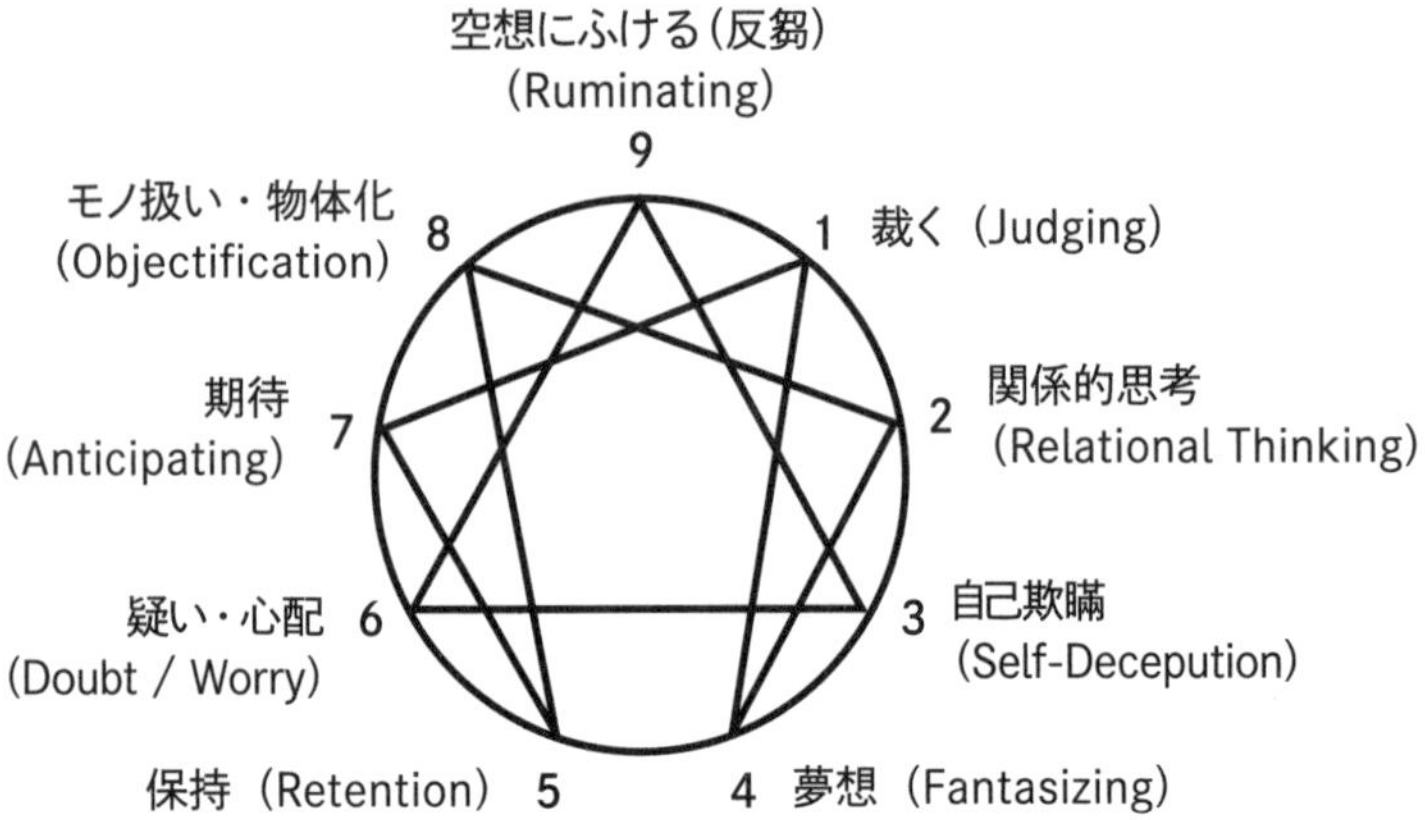

（リソ＆ハドソンによる）

聖なるアイデア（THE HOLY IDEAS）

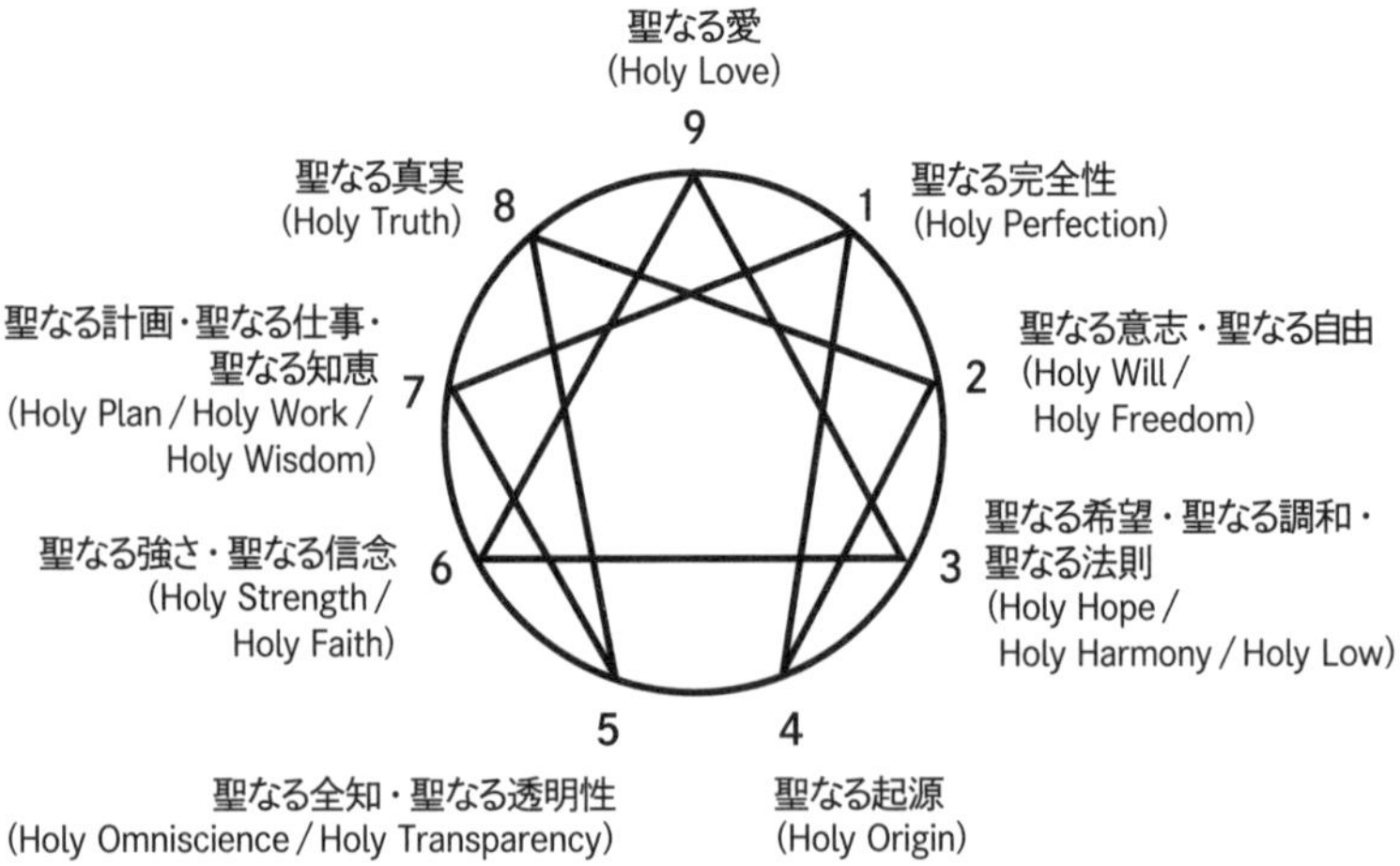

（リソ＆ハドソンによる）

各タイプの固着と聖なるアイデア

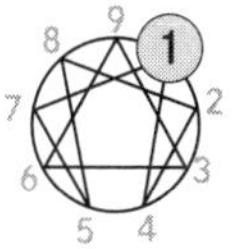

【タイプ1】真の正しさとは……

固着　完全主義・裁く

タイプ1の固着について、イチャーソは「憤怒」を挙げています。これは感情の囚われでもあり、ナランホは代わりに「完全主義」を挙げていました。タイプ1には、たしかに何事も正しくあらねばならない、間違ってはならない、完全でなければならないという思い込みがあります。完全主義というのはどこか非人間的です。人は必ずしも完全ではない、この世界もまた不完全なものかもしれない……。

タイプ1は完全でないものを欠点と見なし、何が正しいか正しくないかを自分の物差しで測る傾向があります。そして、基準に合わない人や物に対して批判的になり、裁くのです。リソ&ハドソンはタイプ1の固着に「裁く」を置いています。

タイプ1の子どもは、生まれながらに完全さや正しさというものに敏感で、何かが間違っているのではないかという感覚が、成長するに伴い発達してきたのかもしれません。成長の過程で子どもが取り込んできた完全さや正しさは、その子が生まれ育った家庭や親の価値観、文化的、社会的価値観や時代の価値観に基づいています。

それはタイプ1の子どもが社会に適応していくためには善きものだったかもしれません。しかし、生まれ育ちや文化社会の価値観、生まれた国や時代が違えば、その価値観は必ずしも同じではありません。タイプ1の自我はその限界づけられた価値観において、完全さを求め、完全であろうとし、また人を裁くことになります。それが思考の囚われであり、固着と呼ばれるものなのではないかと思います。

完全主義者の正しさは、その時代や社会の規範や倫理道徳と合致し、評価され、通用することが多いでしょう。そのため、固着はさらに強固になりかねません。そして、その一方で、タイプ1は、自分は何か間違っているのではないか、正しくないのではないかという、自分が不完全であることへの恐れを抱え、ますます正しくあろう、完璧であろうとするわけです。

聖なるアイデア　聖なる完全さ

タイプ1の聖なるアイデアは「聖なる完全さ」です。これはまるで「完全さ」に「聖なる」を付けただけのようですが、自我レベルを超えたタイプ1の本質がとらえた世界のありようです。

目覚めた意識、目覚めた精神状態において、タイプ1は世界が完璧であるということを知っています。それは「この世界はあるがままで完璧である」「すべて正しい」などということではありません。世界があるがままで完璧であるなどというのは、その考え自体が偽善的です。

わたしたちが置かれている現状は、決して完全なものではありません。国と国とが自分たちの正しさを主張し戦争をする。そのさなかに苦しんでいる人々がいる。差別や貧困に悩む人々がいる一方、権力を持つ者が力をふるう。そういった世界が完璧であるなどとどうして言えるでしょうか。

聖なる完全さは、真の正義が行われる社会、真の正しさと平等がいきわたる世界、わたしたちの内なる魂が求めている世界への認識です。その完全さについて、とくにタイプ1は生まれながらに深い知恵を持っているということなのではないでしょうか。

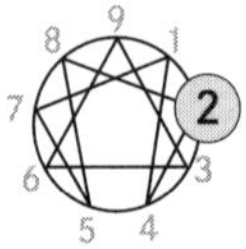

〔タイプ2〕真の愛とは……

固着　偽りの豊かさ・関係的思考

タイプ2の固着について、イチャーソは「へつらい」を挙げています。これは感情の囚われのようでもあり、また実際行動を表す言葉のようにも思えます。ナランホはそれに代わって「偽りの豊かさ」を挙げていました。

タイプ2は、自分のことを、愛を提供する側に置いています。自分は愛に溢れ、人に与えるものがたくさんあるという認識です。しかし、実際には愛を求めているのは自分のほうであり、タイプ2自身がより多くを必要としているのです。

この「偽りの豊かさ」ということについて、筆者は聖書の次の箇所を思い浮かべます。

「心の貧しい人々は、幸いである、天の国はその人たちのものである」（マタイによる福音書第5章3節）

自分の心が豊かであるという思い込みは、それを認めないところに、感情の囚われである「高慢」があります。そして、自分がより多くの愛を必要としていることを認めず、与える側だという認識そのものが、タイプ2の固着であると言ってもいいのではないでしょうか。

リソ＆ハドソンは、タイプ2の固着に「関係的思考」を挙げています。それは、自分から他者との関係を作り出さなければならないという思い込みです。自分が必要とするものは、与えなければ手に入らない、そのためにタイプ2は他者に近づき他者との関係を作り出そうとする。そして、相手を特定の関係にとどめておこうとし、その関係にしがみつこうとする傾向があるということです。

聖なるアイデア

聖なる意志・聖なる自由

他者との関係からの自由が、聖なる意志であり、聖なる自由でもあります。タイプ2は自分が愛し、親密な関係を作り出し、その人と近ければ、つながりがあると感じられます。ときに、自分と相手の境界があいまいになり、近づきすぎることがあります。しかし、愛はそこにあり、あえてつながりを作り出そうとする必要はありません。

起こることはすべて、起こるに任せても大丈夫だということ。自分から作り出そうとする必要はない。それが聖なる意志であり、関係性を作り出すことから自由でいられることが聖なる自由といってもいいかもしれません。愛は自由です。

〔タイプ3〕真の目的とは……

固着　自己欺瞞

タイプ3の思考の囚われは、「自己欺瞞」です。タイプ3の自我は、自己イメージを自分だと見なしています。自分は成功して価値のある人間だと言い聞かせ、そのイメージそのものが自分であると見なしているところに自己欺瞞があります。固着に陥ったタイプ3には、自分の真実の姿が見えているわけではなく、幻影の自分を信じているようなものです。

タイプ1の中には〝内なる裁判官〟がいて、事あるごとに裁きを下しています。その一方、タイプ3の中には〝内なるマネージャー〟がいて、このように振る舞えばより魅力的で、より成功者らしく、人に好感を与えると演技指導をしているようなものです。

聖なるアイデア　聖なる調和、聖なる法則、聖なる希望

タイプ3は自分が努力し、人生を切り開いていかなければならないと思っています。そのため、成功を求めて、物事を達成するために、常に行動へと駆り立てられています。聖なるアイデアは、人はつながっていて自分も全体の中の一部であり、その中で存在し、すべては調和しているという認識です。そこには全体を動かす法則が働いていて、自分自身もその中にあって自然な流れに任せることができるようになります。そこに希望があります。

このような聖なるアイデアとつながることによって、タイプ3は自我レベルで行っているような、自分自身を機械のように働かせるのではなく、自然な流れに任せることができるようになるでしょう。そのとき、仕事や目的を達成するための意図的な行為ではなく、なすべきことへの没頭と対象との一体化が生じ、フローな状態を体験するでしょう。

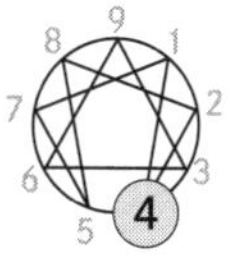

〔タイプ4〕真の自己とは……

固着　憂鬱（メランコリー）・夢想

タイプ4は楽しみや喜びを拒絶し退け、自ら苦しみを選んでいるようなところがあります。悲劇的な運命を背負った自分という思い込みの中で、苦悩する自分であることに満足を得ようとすることがあります。自分は見捨てられた存在であり、疎外されているという思いは、メランコリックな気分につながっています。イチャーソはタイプ4の固着を憂鬱（メランコリー）と名付けていますが、それはタイプ4の気質そのものでもあります。

ナランホはタイプ2の「偽りの豊かさ」に対して、タイプ4の固着を「偽りの欠乏」という言葉でも説明していました。タイプ4は自分には何かが欠けているという感覚、思い込みがあります。そして、失われたものを想像し、空想の中でストーリーを作り出し、「本当の自分」を求め続けるのです。リソ＆ハドソンは、そのような固着を「夢想」と名付けています。

聖なるアイデア　聖なる起源

いまここではないどこかに本当の自分がいるのではないか？　タイプ4の自我は、〝本当の自分〟を見つけるために、「自分探し」をします。しかし、いまここにいる自分が本当の自分であり、その自分は空想の中の自分ではなく、存在そのものに根差しています。それが「聖なる起源」であり、固着から解放されたタイプ4は、自分自身の中にその起源（みなもと）を見出すのです。自分を探すために、もはやどこへも向かう必要はありません。

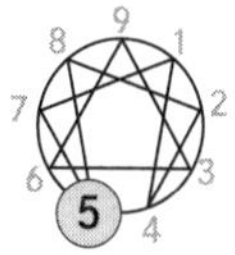

〔タイプ5〕真の知恵とは……

固着　けち・保持

ナランホはタイプ5が他者との関係性を築くことが難しい点を挙げ、「離脱」や「孤立」に近い言葉を用いていたようです。タイプ5は人から何かを期待されることを避け、人付き合いにはどうしても消極的になりがちです。他者からもっとも切り離されたタイプであり、自分の頭の中の世界に住んでいます。

タイプ5の感情の囚われは溜め込みでしたが、思考の囚われもこれと似たところがあります。インプットするだけでアウトプットしない。リソ＆ハドソンはタイプ5の固着を「保持」としています。タイプ5は何らかの概念や方法に執着し、それをただ保持しているという状態になってしまうことがあります。外から知識や情報を得ても、ただそれを溜め込むばかりであれば、それは単に暗記しているだけに過ぎないということです。

聖なるアイデア　聖なる全知・聖なる透明性

タイプ5の聖なるアイデアは、「聖なる全知」と「聖なる透明性」という言葉で表されます。聖なる全知とは、真に知る必要のあることとは何かを知る知恵であり、自分自身に深く沈潜していくことで、その知恵がそこにあることが分かり、受け入れることができるといった感覚です。聖なる透明性とは、人は一人ひとり独立した存在でありながら、同時に切り離されることなくすべてがつながっていることを見通せるような知性です。

タイプ5の聖なるアイデアは、「なんという空しさ　なんという空しさ　すべては空しい」で始まる旧約聖書の『コヘレトの言葉（伝道の書）』や『般若心経』の「色即是空」という言葉と関連付けて説明されることもあります。タイプ5の聖なるアイデアは、「悟り」に近い知恵なのかもしれません。

〔タイプ6〕真の信頼とは……

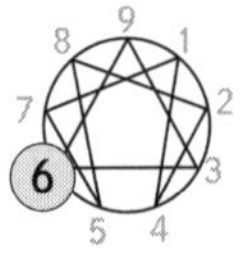

固着　臆病・疑い・心配

タイプ6の固着はイチャーソが挙げている「臆病」よりも、リソ&ハドソンの「疑い」「心配」という言葉のほうがしっくりきます。疑いや心配は頭の中の思考の囚われであり、そこから不安や恐れが生じてくるわけです。タイプ6は自分自身への信頼を持てず、考えすぎて、自分で自分を突き落とすようなネガティブな思考のループにとらわれてしまうことがあります。

そこで、タイプ6は自分の外にあるものに頼ろうとし、より高い権威に依存し、自分を守ってくれそうなものに従い、ときにしがみつくことになります。また、疑いや心配が高じて、かえって自ら、恐れていたことを引き起こしてしまうようなことにもなりかねません。

聖なるアイデア

聖なる強さ・信念（信仰）

タイプ6の自我は、自分には強さが欠如していると思っているかもしれませんが、「聖なる強さ」は自分の中の意志に目覚めるということだと思います。

タイプ6は何が真実なのか心の深いところでは知っている人です。しかし、自我は何が本当なのか、信じるに足るものなのかを常に探っているような状態です。「聖なる信仰」は特定の宗教を信じるというような意味合いではありません。

タイプ6はとくに、不安から、また頼れる権威を求めて、特定の宗教や団体、〝グル（導師）〟に傾倒し、その団体やグルのために献身的に働くことがあります。固着の段階では、それが真に信じるべき宗教や団体であるのか、また信頼し尊敬できる指導者なのか見極めがつきません。

「聖なる信仰」は、誰かが言ったことを鵜呑みにしてそれを信じるとか、特定の考えにしがみつくことではなく、自分自身のうちに導きと確信を見出すことなのです。

〔タイプ7〕真の喜びとは……

固着　計画・期待

タイプ7の自我は、常にポジティブでハッピーな状態でいられることを望んでいます。心の表面だけで生きていて、自分の内面に深く入ることを避けている面があります。痛みや苦しみを避け、明るい未来や虹の向こうの夢の世界へと逃避しようとします。そして、次々と新しい計画を立て、自分を幸せにしてくれそうなものに期待します。バラ色のゴーグルをかけ、未来というバーチャル空間で満足を得ようとするのです。固着は「計画」「期待」です。タイプ7の自我にとっては、楽しんでいなければ、人生は辛いものになるかもしれません。しかし、それはタイプ7の思考の囚われなのです。

聖なるアイデア　**聖なる計画・聖なる仕事・聖なる知恵**

現実に物事がどのようにして起こるのか。行き当たりばったりではなく、自然な展開があり、「聖なる計画」によって動いていきます。タイプ7の自我は、その聖なる計画との接触を失ってしまい、自我レベルでの計画に頭の中を忙しくしてしまうのです。

「聖なる仕事」は、自分自身の深さの次元に触れることで、なすべきことが行えるというようなことではないかと思います。「聖なる知恵」は、必要なものはいまここにあるということを知っている知恵であるのかもしれません。その知恵があれば内的な落ち着きを取り戻し、賢く生きられるでしょう。

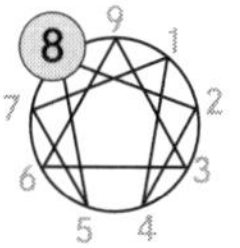

〔タイプ8〕真の力とは……

固着　**復讐・モノ扱い・物体化**

イチャーソはタイプ8の固着に「復讐」という言葉を用いていますが、タイプ8は常に復讐を思考しているわけではないというところから、ナランホは「反抗的」という意味の言葉で説明しているところがありました。タイプ8は権威に対して反抗的で、「飼い慣らされない」人物です。社会的な意味で「よい子」であるよりも、自分の本能の赴くままに行動しようとします。

リソ＆ハドソンは、タイプ8の固着を「モノ扱い」という言葉で説明しています。実際、タイプ8は自分自身をモノのように過酷に扱うことがあります。他者に対しても、人としてではなくモノのように見なしていることがあります。モノ扱いはタイプ8に限らず、例えば自分の体を酷使したり、雑踏の中で前から来る他人を障害物のように見なしたり、わたしたちの内なるタイプ8がやっていることです。「モノ扱い」は、あらゆるものの生き生きした感じを見失わせます。

聖なるアイデア

聖なる真実・聖なる真理

タイプ8の聖なるアイデアは、「聖なる真実（真理）」です。あらゆるものが生き生きとした感じを持ち、自分自身がいまこの瞬間瞬間に関わっている感じがあります。それは世界との一体感かもしれません。自分自身の本質そのものが聖なるものであり、この世界と分かちがたいものです。それはタイプ8の美徳である無邪気さとも関わってきます。

しかし、そのような聖なるアイデアから切り離されると、タイプ8は自分がたしかに存在するという感覚を得るために主導権を握ろうとし、力づくで行動し、自分が支配しようとするわけです。

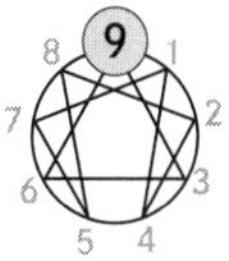

〔タイプ9〕真の平和とは……

固着　怠惰・空想にふける（反芻）

「怠惰」はタイプ9の感情の囚われでもありました。思考の怠惰というのもあるかもしれません。誰でも「考えるのが面倒くさい」と思うことがあるのではないでしょうか。ナランホはタイプ9の思考の囚われについて、「自己忘却」という言葉を使っていました。自分が何者かを忘れてしまうということでしょうか。タイプ9には、自分は他人よりも重要ではないという感覚があります。自己を過小評価し、背景に溶け込んで隠れてしまう傾向があります。

リソ&ハドソンは、タイプ9の固着を「空想にふける」という言葉で説明しています。タイプ9は現実から離れ、白昼夢のような心地よい空想の世界に退却します。「反芻《はんすう》」というのは、心地よいその空想を何度も何度も咀嚼《そしゃく》して味わい、決して前には進まない状態です。

聖なるアイデア

聖なる愛

タイプ９の聖なるアイデアは、エニアグラム教師の中でも一致していて、「聖なる愛」です。タイプ２の愛は、感情が中心の人と人との関係性における愛ですが、タイプ９における愛はパーソナルな愛ではなく、人を含めた人以外のものへの広がりのある愛です。自分という存在が、自然や宇宙全体の中の一部であるような、温かみがあり包み込まれるような愛。タイプ９の美徳を、リソ＆ハドソンは「つながり」としていますが、聖なる愛はつながりの中に居場所があるような感じかもしれません。それは無限の愛です。

性格から本質へ

９つの性格タイプを入り口としてわたしたちが向かう先は、持って生まれた自分自身の本質を見出し、本来の自分とのつながりを回復するということにあります。９つの性格タイプのよってきたるところにある、生まれ持った本質というものがどこから来たのかということについては、エニアグラムの教師たちは語りません。語らないだけの謙虚さを持つ人々です。わたしはそこに敬意を払い、信頼を置いてきました。

固着と聖なるアイデアに関する説明は、筆者の理解の浅さからうまくお伝えすることができなかったかもしれませんが、慧眼な読者の方々がご自分の性格や能力、使命、生きる意味、生き方そのものについて思いを巡らせるとき、本書の中の記述が何らかの気づきのきっかけとなり、自己想起のための手掛かりとなれば、これ以上に嬉しいことはありません。

補遺

インタビュー記事

『クラウディオ・ナランホをめぐって』

——理《リ》辺《ベ》良《ラ》保行《ホアン》教授に聞く（２００１年）

本書の内容に関する補足として、エニアグラムアソシエイツ発行の『エニアグラム研究』に掲載したインタビュー記事をここに再掲します。インタビューは２００１年に行われたもので、お話していただいているのは上智大学教授（当時）でカトリック司祭の理《リ》辺《ベ》良《ラ》保行《ホアン》教授（１９３８〜２０１８）です。インタビュアーは筆者です。

†††

はじめに、『エニアグラム研究』の読者のために、理辺良先生のご紹介をさせていただきます。理辺良先生はスペインのご出身（現在は日本に帰化しておられます）で、上智大学人間科学部の教授であり、カトリックのイエズス会の司祭でもあられます。『英語でエニアグラムを学ぶ』特別講座や上級者のためのワークショップでもご指導いただきました。

理辺良先生は１９９４年にクラウディオ・ナランホを日本に招聘するためにご尽力された方です。そこで、今回は理辺良先生に当時のことを含め、ナランホをめぐってのエニアグラムについてお話を伺うことにしました。

(1) クラウディオ・ナランホ来日の経緯について ―― ナランホのワークショップ

――１９９４年当時、どのようないきさつからナランホを日本にお招きすることになったのでしょうか。そのあたりのお話からお聞かせください。

理辺良先生　ナランホを日本に招聘したのは、わたしとBさんという人です。ナランホとの連絡はわたしがスペイン語でやっていました。１９９３年の夏にわたしがスペインでナランホと会い、翌年の夏に来日ということになったわけです。Bさんはドイツ人のセラピストですが、日本人と結婚され日本に住んでおられる方です。

　彼女とエニアグラムの話をしていて面白いねということになり、彼女はナランホと非常にいい関係を持っていましたから、日本に呼ぼうかということになったわけです。

――理辺良先生は以前から、ナランホと面識がおありだったのですか？

理辺良先生　１９９３年以前、ナランホとの面識はありませんでした。わたしの場合はイエズス会ですから、最初ナランホとの交渉はちょっと難しかったですね。ナランホはイエズス会嫌いなので（笑）。もっとも、わたしもナランホとの関係は悪くなかったです。

Ｂさんは日本での会場の設定とかワークショップ参加者との連絡などもすべておやりになりました。そのときのワークショップ参加者は53名で、うち日本人は34名、あとは外国人でした。

――そのときのワークはどういった内容のものだったのですか？

理辺良先生　初心者向けでしたね。ワークはナランホなりのやり方があります。これは面白いですよ。ワークの参加者には事前に参加者の写真付きの自己紹介カードを作らせ、初日に提出してもらいます。

イチャーソもそうですが、写真を見てこの人はどのタイプかということをあらかじめとらえておく。次に性格の特徴を表すような形容詞３００をリストアップしたものから、自分に当てはまるものを選んでくださいというやり方で、参加者に選ばせたものを分析する。これは統計学を用いた因子分析からタイプを見ているわけです。これだけのことを、すでにワークが始まる前までに準備しているのです。

ナランホはワークをやっているときにはわりあい慎重でした。彼はどちらかというと文学的なアプローチをとったのですが、そのときも本を使って英語でそれを読み、通訳が日本語に訳すというようなことがありました。すると外国人は日本語の通訳が入っている時間が無駄だといって、日本でのナランホのワークに不満を持った人もいましたね。彼らはとにかく早く学びたい。だから、焦りが出てきてイライラする。日本人は表立っては何も言いませんが、今度やるときは日本人だけでやろうというような話になり、そういう難しさもありましたが、まあ最後はいい雰囲気に終わりました。

そして、この次にはそれをもっと深めるワークをという企画があがり、ナランホは翌々年に再来日する予定になっていたのですが、ナランホ自身の個人的な事情で残念ながら実現しませんでした。

――それは本当に残念でしたね。もし、再来日しておられたら、（インタビュアーも）ワークに参加することができたのですが。邦訳が出ていたリソの本でわたしがエニアグラムを知ったのは、たしか１９９５年のことだったと思います。

理辺良先生　実際のワークでは、パネルディスカッションをたくさんやりました。パネルは自分のタイプの番号で集まり、テーマを決めて話し合いをしたあと、グループごとに前に出て、自分たちのことを話すといったやり方です。それを見ていると、中にはそのグループに合っていない人が出てきます。例えば、典型的なタイプ５の物静かな人たちの中に、すごく強いエネルギーを持った人が混じっていたりするわけです。そうすると、その人はタイプ５ではないのではないかと、話し合いの中でそれを指摘していくのです。

(2) ナランホからイチャーソに遡って —— エニアグラムとスピリチュアリティ

——ナランホから今度イチャーソに遡《さかのぼ》ろうとすると、どうしてもエニアグラムのルーツということが気になってきます。エニアグラムのシンボル図形はグルジェフが西欧の人々に初めて紹介したものだということになっていますが、パーソナリティシステムとしてのエニアグラムのルーツについては、ごく最近までイスラム教の神秘教団スーフィー派に門外不出の口伝として伝わってきたものだという説が広まっていました。

しかし、現在では、エニアグラム図に9つの性格を当てはめたのはイチャーソが最初であり、イチャーソが創始者であるというところに落ち着いていますね。イチャーソ自身も、自分が創始者であると主張しているわけでしょう。それでは、いったいスーフィー起源説というのはどこから出てきたものだったのでしょうか？

理辺良先生　ナランホはイチャーソから聞いたと言っていますね。イチャーソがそう言ったんだと。しかし、イチャーソ自身は否定しています。イチャーソの場合には不思議なパーソナリティですからね。彼はともかくパーソナリティシステムとしてのエニアグラムは自分が創始者であると主張しているわけです。カバラとの関係はあるというのだけれども、スーフィーとの関係は否定しています。

――イチャーソとナランホの関係はどうだったのでしょうか。

理辺良先生　イチャーソとナランホは離れてから、一度も会ったことがないようです。ナランホによれば、チリのアリカで訓練していたときに、イチャーソから「とにかくあなたは一カ月ぐらい砂漠で勉強しなければなりませんよ」と言われて、そこで砂漠に行ったのだけれど、ところが戻ってくるとイチャーソは「この人は勝手に動いたりして自己中心的だからだめです」と追い出されたと。もっとも、ナランホによれば、それはおそらく訓練のひとつの試しだったのだろうということです。

――ナランホはイチャーソの自分に対する扱いは、ワークのひとつであったかもしれないと言っているわけですね。

理辺良先生　ナランホは最初、イチャーソのもとで勉強しました。そのところではまだ公の出版物は刊行されていません。初めてエニアグラムを印刷物にしたのはジョン・C・リリー(注1)という人です。彼はナランホと一緒にイチャーソがチリでやっていたワークショップに行ったらしいですね。ナランホはそのあとアメリカに戻り、自分でエニアグラムを教え始めました。

(注1) ジョン・C・リリー：John C. Lilly イルカの研究で知られる。"THE CENTER OF THE CYCLON　An Autobiography of Inner Space", 1972 において、チリのオスカー・イチャーソのもとでの体験について語っている。

ナランホのワークショップにはロバート・オチェスというイエズス会士とヘレン・パーマー（注2）が参加していたということです。オチェスはロヨラ大学でイエズス会士にエニアグラムを教え始めました。そこにパトリック・オリアリーという人がいました。オリアリーはマリア・ビーシングとロバート・ノゴチェクという人と3人で組んで“THE ENNEAGRAM: A Journey of Self Discovery”（注3）という本を書いています。

――リソはもともとイエズス会の流れでエニアグラムと出会っているようですね。ところで、イチャーソはオリアリーらがこの本を出版したことについて、かなり許しがたいところがあるようですが。

理辺良先生　イチャーソはオリアリーやパーマー（注4）がエニアグラムについての本を出版し

（注2） ヘレン・パーマー：Helen Palmer ナランホよりエニアグラムを学ぶ。インタビュー・テクニックを用いた統計的な方法を用いている。

（注3） “THE ENNEAGRAM: A Journey of Self Discovery”, 1984：邦訳『エニアグラム入門』（春秋社）１９８７年

（注4） ヘレン・パーマーは、パーソナリティシステムとしてのエニアグラムはイチャーソを創始者とするものではなく、イチャーソはグルジェフのアイデアを持ってきたのだと主張している。

たときには、著作権問題などで裁判に訴えていますが、ナランホに関しては何も言っていません。分かってないというようなことは言うのだけれども、公に反対したことは一度もありませんね。ふたりは年齢的にはほぼ同じぐらいでしょう。ナランホは日本に来たときは64歳ぐらいだったから、いま70歳（２００１年当時）ぐらいだと思います。

——裁判というのもよく分かりませんが、いったい何がいちばん問題だったのでしょうか。

理辺良先生　エニアグラムはもともと霊性（スピリチュアリティ）のひとつなのです。それはあくまで自分との戦いのためにあるのであって、だから公開してはいけないということだったのですね。

しかし、いつの間にかパブリックになって、いろんなふうに使われている。１９９３年のＬＡウイークリーでのインタビュー（注5）では、そのことについてどう思いますかという質問に、それは別にかまわない、応用編だから勝手に使ってもらってかまわないと答えています。ただし、それを作ったのが自分だということだけははっきりしておきたいと主張していま

（注5） LA Weekly, 1993 Nov : Michael J. Goldberg によるインタビュー

す。イチャーソはナランホ以後のエニアグラム著作者は、結局みんな分かってはいないんだということを言い続けています。そして、イチャーソもナランホも、とくにイエズス会が霊的指導のためにエニアグラムを使っているということに関して非常に否定的です。

――ポピュラーな流れはまあいいでしょう、応用編だからと。ところが、イエズス会の霊的な修行に使うことには否定的であると。それはどういうことですか。

理辺良先生　罪の概念が出てくるからです。フィクセーション（自我固着）とかパッション（情動）とか、それらは意識化することによって生かしていくことができるのだけれども、そこに罪の概念を入れると全部狂ってくるというわけです（注6）。エニアグラムは宗教とは関係がないということですね。

（注6）　パッションはキリスト教のいわゆる7つの大罪と呼ばれるものと合致する。もっとも、キリスト教で大罪の数が7つとされたのは13世紀以降のことで、それ以前は8つあるとも言われていた。例えば、4世紀の砂漠の隠修士エウァグリオス・ポンティコスは、隠修士が修行中に遭遇する、8つの悪しき想念を挙げている。4～5世紀の教父アウグスティヌスもこれらの罪の問題に言及している。

――イエズス会で霊的な修行に使うときには、罪の傾向を強調するわけですか？

理辺良先生　イエズス会の特徴と言われているのが黙想指導、つまり瞑想ですね。霊操（注7）のときにそれを使うのです。あなたはこれこれの罪の傾向があるからと。

そうすると、結局、宗教的な枠組みにおいて説明することになり、イチャーソもナランホもそのことに対して否定的なわけです。ナランホも宗教という言葉を使いません。スピリチュアリティという言葉を使っています。スピリチュアリティというのはあらゆる宗派を超えるもの、あるいは基本にあるものです。例えば、スーフィーでもユダヤ教のカバラでも、キリスト教でも、もちろん共通点があるのだけれど、それを特定の宗教の宗派のために使うと歪めてしまうことになるのです。

――スピリチュアルというのは宗教宗派を超えているということですね。

理辺良先生　具体的にどの宗教ということではないのです。あらゆる宗教の根底に流れてい

（注7）　霊操：カトリックの修道会イエズス会の創始者イグナチオ・デ・ロヨラが創始した黙想などを含む霊的修行法。

るものであって、そこから宗教が生まれるようなものですね。仏陀にしろキリストにしろ、それぞれに深いものがあります。仏教もキリスト教も本物だと思うのですよ。しかし、次が難しい。宗教は制度になってきますからね。宗教宗派になると、根底からずれちゃって、それを守ろうとする方向にいってしまうことが多いのです。

(3) イチャーソのエニアグラム――エニアグラム本来の目的について

――イチャーソは原分析（プロトアナルシス）という言葉を使っています。

理辺良先生　プロトアナルシスとは、人間のパーソナリティないしは自我についての体験的かつ理論的な理解であるということですね。理論的にもそうですし、実感として自分に気づくということ。その両方がなければなりません。

われわれが日本でもやっていること、これは全部プロトアナルシスですね。性格の分析ということです。それは第1段階で、自分の傾向に気づくということですね。では、気づいたらどうすればいいのかというと、その次の段階に入ります。そして、第2段階はパッションとの戦いになります。そこでは美徳というものも出てきます。そして、第3段階は瞑想に入ります。しかし、一般に流布しているエニアグラムでは、第2段階、第3段階のアプローチが、アメリカでも日本でも抜けているわけです。第1段階での気づきがあっても第2段階、第3段階のアプローチがなければ、あとはどうすればいいのか分かりませんね。

――では、第2段階以降はわたしたちには可能なのでしょうか。

理辺良先生　分からないですね。分からないというのは、ナランホのもとで徹底的にやるとか、リソのもとで徹底的にやるとか、誰か指導者のもとで徹底的にやらなければならないでしょう。フィクセーション（固着）というものは、頭で分かったつもりでいても、そこから本当に自由になっていなければ、なおさら大変なことになってしまいます。例えば、エニアグラムを取り扱っている人たちが、イチャーソの訴訟問題などを含めてそうですが、なぜ分裂していくのかという疑問があるでしょう。日本でも分裂が起きていますね。なぜそういうことになるのか……。

――はい、残念なことにそれが現状です。また、一部にはタイプ判定に関して強固なこだわりを持つ人もいるようです。ファシリテーターがどういうレベルにいるのかということが問われますね。

理辺良先生　なぜだろう。たぶん早すぎるのです。十分に消化していないということでしょうね。例えば、わたしはタイプ8、あなたはタイプ7と言ったりしているだけでは始まらないですね。タイプ8なら8で、タイプ7なら7で、そして1なら1で、どのタイプにしろ、そのタイプが抱えているフィクセーションは大変やっかいなものです。

　ところが、そのフィクセーションを抱えたまま、自分をよく分かっていないままに、やっているのではないかと思います。

　自分を分かっていない人がファシリテーターになっても、一応エニアグラムの理論を学んでいれば、理論は指導できるでしょう。でも、それ以上はできないのです。中にはエニアグラムを権威にする人が出てきたりして、誰が本物を持っているかといった権威の競争のようになってくることがあります。そうすると、真の知恵は伝わりませんね。

――本家本元争いみたいな……（笑）。エニアグラムは自己観察というか、自分を見つめることが必要になりますね。そのためには、まず、最初に学ぶ側が、前提として、ある程度内面的に強くないとだめなんじゃないかと最近思っています。内面を見ることに耐え得る強さというか、そういうものがないとやっていけないのではないかと。

理辺良先生　心理学には３つの流れがありますね。ひとつは行動心理学、もうひとつは精神分析、そしてもうひとつはヒューマニステック（人間学的）な心理学。ロジャースなんかがそうですが。そして、その後にトランスパーソナル心理学が出てきます。トランスパーソナルというのは自我を超える次元ですね。その意味ではエニアグラムはトランスパーソナル心理学の領域に入ってくるわけです。

　ですから、前提としては自我がなければ始まらないですね。まず自我の形成ということがあって、今度はその自我といかにして戦うかということですから。それは自我を壊すということではなく、自我に囚われないように進んでいく、自我を超えていくということです。

　アメリカ人の場合は強い自我を持っていますから、自我構造の枠を超えていくということには非常に抵抗があるわけですが、日本人の場合には欧米人ほどには自我が強くないですから、自分のタイプが分かりにくいということはあるかもしれませんね。そのへんの違いはあるにせよ、自我がないと怖いですよ。変な誤解をして悟っちゃうと、自分が崩れてしまうというか、吸い込まれてしまいますから。

　臨床心理学の場合には、例えば境界例などですと、それこそ自我が形成されていなければ、ほとんど一人でやっていけない。だから、子どもを教えているような感じになってしまうわけです。自我ができていなければ、その成長のレベルから出発しなければなりません。

　リソは9つの意識のレベル（注8）についての概念を作りましたね。その意味でレベルの概念は指標になると思いますね。もし、レベル5以下だったら、エニアグラムはあまり使えないと考えたほうがいいでしょう。

――でも、そういう人がワークに参加されることもあり得るわけで、そういう場合、今度はファシリテーターの対応が問題になってきます。ファシリテーターが、精神的に弱い人を取り込んで、カルトみたいになっていくことも考えられなくはありませんからね。

理辺良先生　危ない人が出てくる……。ですから、ファシリテーターに関しては、この人はエニアグラムを知ることによって、相手を殺さない人になっていくかどうか、この人を世に出すことによって、世の中が良くなるか悪くなるかということが問われますね。

（注8）　9つの意識のレベル：リソ＆ハドソンは意識の発達のレベルとして、それぞれのタイプの健全、通常、不健全の状態をさらに3段階に分類し、各タイプの内的構造を理解するための枠組みを作り上げた。

その意味では免許ということが大事かもしれません。では、その基準はということになると、日本ではどの団体が、どういう資格でやるのか、これはなかなか難しいことです。いずれにせよ、最低限、経験のある指導者のもとでやることは必要でしょうね。

(4) あるがままを見るために　瞑想の勧め

――ナランホの話に戻りますが、ナランホは『性格と神経症』(注9)の初めのほうに、グルジエフとイチャーソの思想をまとめて図式化していますね。彼はセンターの概念については、イチャーソからきたものを継いでいるわけですか。

理辺良先生　そう、それを臨床心理学の概念に置き換えたという感じですね。

――『性格と神経症』に載っている図式を見ると、性格の側にはグルジェフのいわゆる低

(注9) “Character and Neurosis:An Integrative View “Claudio Naranjo, 1994　邦訳『性格と神経症』(春秋社)1997年

次感情、低次思考、本能がおかれ、それと対峙するものとして、本質の側に高次感情、高次思考、純粋本能があると説明されています。そこで、性格（パーソナリティ）と本質（エッセンス）ということが出てくるわけですが、リソたちも数年前の国際ワークあたりからは、９つのパーソナリティのみならず、エッセンスについてもわりあい突っ込んだ話をしていました。

理辺良先生　トランスパーソナルの分野では、これはもう誰でも認めていることですね。知覚のシステムとして、思考があって感情があって行動がある。そして、それには低いレベルと高いレベルがある。たしかにその通りですね。

結局、自我の選択として目に見えるものと見えないものがあり、自我は見えないものを切り捨てていく。では、それを直すためにはどうすればいいかというと、わたしは瞑想をお勧めします。瞑想をやることによって、物事をあるがままにとらえることができます。

——普通の生活をしながら、瞑想をするにはどうすればよいでしょうか。

理辺良先生　座禅をやったらいいですね。インターネットを使って検索すれば、どこか近くに座禅をやっているお寺が見つかりますよ。ここ（上智大）でも、週1回、一般の人を対象に、カトリックの神父がやっている座禅会があるのですよ。そうすると、指導者がいますからね。もちろん、指導者がいるほうが望ましいです。わたしは、いちばん最初、何も知らないまま自分でやってみて、いい経験だったので、どこに行っても座布団を持っていって自分でやっています。ある程度、姿勢と呼吸を覚えていれば、一人でできるようになります。

――瞑想をやることによって、パーソナリティからエッセンスのほうへ行けるのですか？

理辺良先生　行くんですね、行きますよ。ただし、誰が、何人ぐらい行けるかは分かりません。

――愚かな質問で申し訳ないですが、瞑想をして、いきなり目を開けるとエッセンスになっているということがあるのでしょうか？

理辺良先生　あります。ありますが、長続きはしないですよ。いちばん最初は何も知らないからできたのでしょうけれど、今度また同じものを求めてもだめですね。でも、座っていればそのうち見えます。見えるけれども消えちゃう。消えてしまって、場合によっては逆効果になるかもしれません。そういうときには指導者がいるといいでしょうね。

――エニアグラムは自分のタイプを探すところから始まります。それは自分のことがまだ分かっていない段階ですね。自分のことが分かっていないで、いきなりスピリチュアルな世界に入っていくのは危ないということはありませんか。

理辺良先生　危ないですね。エネルギーがあふれてきますから。まだまだ自分を分かっていない人が、エネルギーだけがあふれた状態になり、すごいパワーで自分の囚われを他人に押しつけてしまうということにもなりかねません。ましてや、そういう人がファシリテーターのような立場になると危険です。

指導者がいれば、最初のナランホとイチャーソの関係でも触れたように、指導者と対決することがあります。指導者が相手をけなすことによって、相手がそれに耐え得るかどうか試すようなこともありますね。それは指導者も分かっていてやるなら問題はないのですが、自分のことがまだまだ分かっていない人が、仮に指導者的な立場に立ち、自分の自我の押し付けで無鉄砲にやっちゃうと、相手はつぶれます。

(5) グループワークの意義　お互いの成長のために

――わたしたちはエニアグラムアソシエイツという名前で、個人が集まっての勉強会やワークショップを行っています。自分自身を振り返ると、ファシリテーターなんかやっていていいのだろうかと思うこともありますが、でも少人数の集まりにせよ、グループがないとなかなか学び続けられません。

理辺良先生　お互いに教えながら、同じ目的で集まるグループということですね。エニアグラムはイチャーソから始まってはいるけれども、グループがなければできません。その中では、試すようなことがあっても、グループに波があったとしても、われわれの目的ははっきりしています。それはお互いの成長ということです。

ワークショップにやってくる人は、自分を知りたいからやってくるわけです。そこで、わたしだったら「ちょっと辛い経験があっても大丈夫ですか」と聞きます。そうでない限りは約束できないですからね。エニアグラムとはこういうものなのですよという説明まではOKだけれど、実際にワークを進めて行くと、やはりその人のひずみとかが出てくるでしょう。そういうものにぶつからざるを得ない。場合によっては対決せざるを得ないときもあります。そうなると本当に先生に対する信頼なのですよ。この人だったら、ともかく分かってやってくれているのだからと、そういう信頼関係が必要でしょうね。

――こちらの力量不足もあるのでしょうけれど、しんどいワークにはなかなか次回から人が来てくれない……。だからといって、積極的に人集めをするというのも、それは違うという気がしています。

理辺良先生　エニアグラムはそんなに大勢の人のために使えるようなものではありません。ビジネスとか応用面では、それは別に自分の成長のためにやるのではないわけだから、うまくやっていけるでしょう。また、エニアグラムを教えることで収入を得ようというようなことになると、お金が目的になってきますからね。気持ちいいところだけをやって、何回も何回も参加してもらうようにするでしょう。

　しかし、個人の成長というところで、誠実に呼びかけて5、6人が集まったとして、その中で1人ぐらい残ればいいところじゃないですか。いや100人の中に1人ぐらいいればいいかもしれませんよ。

　エニアグラムというのは、本来スピリチュアルな成長のために使われる道具ですよということですね。それを忘れちゃうと、別に悪い意味ではありませんが、世俗的な方向に行ってしまって、スピリチュアルなものとはかけ離れてくることになります。

——エニアグラムを教えている人にもそれぞれタイプがあるわけですね。ナランホ自身はたしかタイプ5だと聞いたことがあったように記憶していますが。

理辺良先生　タイプ4か5ですね。タイプ5でウイングが4かもしれません。

——個々のファシリテーターがエニアグラムをどう伝えていくかということで、自分の持っているタイプの傾向があると思います。マニュアルを重視するところもあるようですが、わたしはどうもマニュアル通りにやるというのは苦手ですね。それでは自分の個性が抑圧されるというか、そんなふうに感じ悩んだことがありました。

最近では、ファシリテーターにもその人のタイプがあり、そのタイプの持ち味というものは、生かしていっていいのではないかと思っているのですが。

理辺良先生　中味としていいマニュアルがあっても、それをどう生かすかは自分のタイプなのですね。それがなくなっちゃったら面白くない。例えば、タイプ6のファシリテーターがやればマニュアルに忠実にやろうとするかもしれませんが、そうでないタイプもいるわけです。自分の持ち味を出していいと思いますよ。

それはカウンセリングでも同じことです。例えば、カール・ロジャースから学んだ人が、ロジャースを真似しようとしてやってみるのだけれども苦しい。できないのですよ。ロジャースではないわけですからね。そこで彼の言っていることは十分に理解した上で、それぞれに自分たちのやり方を生かしていくということになります。

また、日本の仏教には道元がいるし、一休さんのような人もいますね。みな違うわけです。そういった人物の教えや思想をたどることによって、みなが同じになるのではなく、それこそ磨かれたそのタイプが出てくる。だから、それぞれの人は自分に合うような先生を求めるわけです。

――何年か前に、エニアグラム関連のワークで理辺良先生から直接ご指導いただく機会がありましたが、今回先生のお話をうかがいながら、そのときの体験についていくつか思い出したことがあり、自分の中でもやもやしていたものがクリアになってきたところがありました。

気づきを得るには長い時間をかけ、少しずつ少しずつ、それこそ薄皮をはぐような感じでやっていくというか、そういうものなのかもしれないなあと感じました。きょうはお忙しい中、大変貴重なお話をありがとうございました。

インタビュアー◉中嶋真澄（2001年6月20日）

〔補足〕

当時インタビュアーである筆者が瞑想についての知識と体験がなかったことによって、瞑想についての話を深められなかったのが非常に残念です。イチャーソもグルジェフも自己探求において呼吸法や身体への働きかけを行うワークも行っているわけですから。

筆者がエニアグラムに出会ったころは、まだオウム真理教が引き起こした地下鉄サリン事件の記憶が多くの人の中にあり、筆者に関して言えば、ヨーガや瞑想に深入りするのを避けたいという思いがありました。

しかし、リソ&ハドソン両師のトレーニングコースでの学びなどから、より深くエニアグラムの知恵に触れていくにつれ、エニアグラムが本来、「いまここ」の体験から気づきを深めるものであることを体験的に理解するにつれ、瞑想やヨーガの呼吸法などに通じておくことの必要性を強く感じるようになりました。

筆者の場合は、その後10年以上ヨーガを集中して学び、またマインドフルネス低減法、マインドフルネス・コンパッション・ヨーガなどの実践を、エニアグラムワークの中に取り入れるようになりました。

あとがき

「何を学ぶかより、誰から学ぶかが大切」と言われることがあります。

一冊の本との出会いから、その著者であるドン・リチャード・リソ先生とラス・ハドソン先生から、直接にエニアグラムの知恵について学ぶことができたのは、まさにこの言葉の通りで、筆者にとっては何にもまして幸運なことでした。

ここで、改めて、故ドン・リチャード・リソ先生と、現在も精力的に活動しておられるラス・ハドソン先生に感謝の意を表します。

また、日本でお二人から継続してエニアグラムのトレーニングを受けることができたのは、米国エニアグラム研究所日本支部の高岡よし子さんとティム・マクリーンさん、そしてスタッフの方々のご尽力のおかげです。この場を借りて、深く御礼申し上げます。

本書の巻末に収録したインタビュー記事でお話しいただいた、イエズス会司祭で上智大教授（当時）の理辺良保行（リベラ・ホアン）先生からは、筆者がエニアグラムの学びを続けていけるかどうか、ある問題に直面したときに、精神的に支えていただきました。リベラ先生からのお声がけで、上智短大英語科寮生の春季セミナーを担当させていただくことになり、毎年桜の咲くころに寮を訪れ、学生たちにエニアグラムを伝えられたのも良き思い出です。当時、寮生たちの世話をしておられた聖マリア会のシスターにも感謝いたします。

ちょうどミレニアムの年、筆者の先輩で当時人材系企業の理事をしておられた木ノ内博道さんとセミナー講師で陶芸家の後藤允子さん、そして筆者の三人で、エニアグラムアソシエイツの活動を開始しました。「エニアグラムというシンボルを通して集う仲間が共に学び、分かち合う場所」という意味で、メンバーには何の縛りもなく、いつ解体してもかまわないというスタンスの会でした。そこには会社勤めの多忙な合間を縫ってわたしたちが開催するワークショップや勉強会に参加し、今も変わらずさまざま形で協力し支えてくださっている方もいます。当時、まだそれほど一般的でなかったホームページの制作にあたっては石井寛司さんに大変お世話になりました。

時を経て、エニアグラムアソシエイツの活動は、筆者が引き継ぐようになり、エニアグラムサロンなど、定期的な勉強会を続けてきました。その過程で、筆者には雑誌等の読者向けの自己診断チェックリストや診断記事の制作執筆の依頼が増え始め、その仕事は一定の評価をいただき、現在ではウェブサイトやスマホアプリなどでも閲覧できる診断コンテンツの制作等で、大手企業や放送局からのご依頼もいただいている状況です。

コロナ禍で自由な活動が制限されたころ、筆者は渋谷にある家から出身地の徳島に一時避難のつもりで戻り、リモートワークとオンラインでのセミナーを開始しました。エニアグラムサロンは月2回、そのほかに個人セッションのご依頼などもあり、オンラインセッションの回数は増えていきました。誰にとっても、困難の多い時期だったと思いますが、毎回参加してくださる方もいて、筆者にとってもそれが支えとなり、また良き学びと分かち合い、そして気づきの場となりました。

オンラインセミナーを開催するにあたり、大いに参考になったのが2014年から開催されてきたThe Shift Network主催のエニアグラム・グローバル・サミット（Enneagram Global Summit）です。米国を中心に活動しているエニアグラム教師が顔をそろえ、内容の濃い講義がなされていました。オンラインでの開催ですが、そこでクラウディオ・ナランホ、サンドラ・メイトリ、アルマス、そしてラス・ハドソンといった主だった講師陣のスピーチを聴くことができました。

２０２２年、筆者はライフワークの仕上げとして、合同会社パーソナリティ研究所を設立し、診断コンテンツ制作の仕事と並行して、エニアグラムに関心のある方向けに、エニアグラムを体系的に学べる講座を開催することにしました。

この時点で、エニアグラムに関して筆者自身の取り組みも含めて、これまでセミナー等のために書きためてきた、というよりも書き散らしてきた感のある原稿を整理し、一度きちんとまとめておきたいと思うようになりました。

そして、このような形で本にまとめることができたのは、これまでエニアグラムアソシエイツのワークに参加してくださった方々、誠意をもって意欲的に取り組んでくださった皆様のおかげであり、ともにエニアグラムの知恵を分かち合う仲間がいなければ、決して可能ではありませんでした。お一人お一人のお名前を挙げることは控えさせていただきますが、この場を借りて、皆様に心より感謝申し上げます。

また、本書の出版にあたっては英智舎の上村雅代さんにご尽力いただきました。ありがとうございます。

最後になりましたが、本書を手に取ってお読みいただいた皆様にも、心より御礼申し上げます。

２０２３年８月７日

中嶋真澄

お知らせ

合同会社パーソナリティ研究所では、エニアグラムが体系的に学べる「エニアグラムアソシエイト養成講座」や毎月２回開催の「エニアグラムサロン」、オリジナルのカードを使った「エニアグラムカード・リーディング練習会」をはじめ、エニアグラムに関する講座を主にオンラインにて開催しています。エニアグラムのビジネス活用については、株式会社プロサポート（代表取締役　吉野賢）との提携で、主に中小企業経営者・管理職者を対象にしたセミナー・個人セッションなどを行っております。こちらも併せてお問い合わせください。

お問い合わせは、性格心理ドットコムのお問合せ欄、または以下のメールアドレス（info@hito.main.jp）に直接ご連絡ください。エニアグラム性格診断ほか、診断コンテンツ等制作監修のご依頼は、中嶋真澄公式サイトからご連絡ください。
エニアグラムアソシエイト養成講座等につきましては、事務局担当 Co-navigator の大久保純子からご返信がある場合がございます。

Webサイト一覧

研究所 Web

性格心理ドットコム

https://seikaku-shinri.com/

著者 Web

中嶋真澄公式サイト

https://majika-nakajima.com/

LINE

パーソナリティ研究所／性格心理ドットコム

https://lin.ee/voq6nuw

Instagram

Youtube

エニアグラムチャンネル Youtube 版

Standfm

エニアグラムチャンネル

◇参考図書

クラウディオ・ナランホ著、柳朋子訳『性格と神経症』春秋社、１９９７年
Character and Neurosis: An Integrative View by Claudio Naranjo,1994

P.H.オリアリー＋M.ビーシング＋R.J.ノゴセック著、堀口委希子＋鈴木秀子訳『エニアグラム入門』春秋社、１９８７年
The Enneagram : A Journey of Self Discovery by Maria Beesing, Robert J. Nogosek, and Patrick H. O'Leary,1984

ドン・リチャード・リソ著、鈴木秀子邦訳監修『性格のタイプ』春秋社、１９９２年
Personality Types: Using the Enneagram for Self-Discovery by Russ Hudson and Don Richard Riso,1987

Understanding the Enneagram: The Practical Guide to Personality Types revised edition by Don Richard Riso and Russ Hudson ,2000

Discovering Your Personality Type: The Essential Introduction to the Enneagram, Revised and Expanded by Don Richard Riso and Russ Hudson,2003

ホアン・カトレット著・高橋敦子訳『霊操とエニアグラム』新世社、２００３年

Parables and the Enneagram by Clarence Thomson,1996

The Wisdom of the Enneagram: The Complete Guide to Psychological and Spiritual Growth for the Nine Personality Types by Don Richard Riso and Russ Hudson,1999

ドン・リチャード・リソ＆ラス・ハドソン著、高岡よし子＋ティム・マクリーン訳『エニアグラム基礎編・実践編』角川書店、２０１９年

The Spiritual Dimension of the Enneagram by Sandra Maitri,2001

The ENNEAGRAM of PASSIONS and VIRTUES by Sandra Maitri,2005

Keys to the Enneagram　A.H.Almaas,2021

P.D.ウスペンスキー著、浅井雅志訳『奇蹟を求めて』平河出版社、１９８１年
In Search of the Miraculous :Fragments of an Unknown Teaching by P.D.Ouspensky,1949

K・R・スピース著、武邑光裕訳『グルジェフ・ワーク』平河出版社、１９８２年
The Gurdjieff Work by Kathleen Riordan Speeth,1976

G.I.グルジェフ著、前田樹子訳『グルジェフ・弟子たちに語る』めるくまーる、１９８５年
G.I.Gurdjieff Views From The Real World:Early Talks of Gurdjieff as Recollected by His Pupils,1973

ウイリアム・ジェイムズ著、桝田啓三郎訳『宗教的経験の諸相』上下、日本教文社、１９８８年
The varieties of religious experience: a study in human nature by William James,1901

C.G.ユング著、林道義訳『タイプ論』、みすず書房、１９８７年
Psychologishe Typen vonC.G.Jung,1921

カレン・ホーナイ著、我妻洋・佐々木譲訳、『ホーナイ全集第五巻「心の葛藤」』誠信書房、１９８１年
OUR INNER CONFLICTS by Karen Horney ,1945

カレン・ホーナイ著、榎本譲・丹治竜郎訳『ホーナイ全集第六巻「神経症と人間の成長」』誠信書房、
１９５０年
NEUROSIS AND HUMANGROWTH by Karen Horney,1950

ゲルト・タイセン著、大貫隆訳『原始キリスト教の心理学――初期キリスト教徒の体験と行動――』
新教出版社、２００８年
Erleben und Verhalten der ersten Christen: Eine Psychologie des Urchristentums
by Gert Theißen,2007

編訳―監修：上智大学中世思想研究所―大森正樹『中世思想原典集成３　後期ギリシア教父・ビザンティン思想』平凡社、１９９４年

田中美知太郎責任編集『世界の名著（続）２　プロティノス・ポルピュリオス・プロクロス』、中央公論社、１９７６年初版

レイモンド・クリバンスキー、アーウィン・バノフスキー、フリッツ・ザクスル著、田中英道監訳
『土星とメランコリー』晶文社、１９９１年初版
SATURN AND MELANCHOLY by Raymond Klibansky by Erwin Panofsky, Frits Saxl ,1964

中嶋真澄　主な著書

〈エニアグラム関連〉

『自分がわかる他人がわかる９つの性格と45の相性』幻冬舎
『最強の性格診断３×３の法則』メタモル出版
『本当の「私」が見つかる心理テスト』ソフトバンク・クリエイティブ
『エニアグラム　９つの性格診断』永岡書店
『９つの神秘』主婦の友インフォス情報社

〈その他〉

『一瞬で相手の性格を見抜く技術』ＰＨＰ研究所
『トゲトゲしないで。』グラフィック社
『ココロの本音がよくわかる魔法の心理テスト』永岡書店
『ひみつの心理テスト』池田書店
『面白すぎて時間を忘れる心理テスト』三笠書房
『思わず他人に試したくなる心理テスト』ＰＨＰ研究所

著者略歴

中嶋真澄（なかじま・ますみ）

徳島県生まれ。関西学院大学大学院修士課程修了（哲学専攻）。フリーライター、PR 会社勤務を経て、単行本執筆を機に執筆活動に専念。1995 年、本書のテーマであるエニアグラムと出会い、ライフワークとしての性格研究に取り組む。2000 年より、毎月欠かさずエニアグラムのワークショップ、セミナー等を開催。参加者にとって信頼できる場を提供するため、スモールグループでの分かち合いを大切にし、今日まで継続している。2004 年、永岡書店より出版の『ココロの本音がよくわかる魔法の心理テスト』がベストセラーに。心理テストブームを巻き起こした。テレビ・ラジオ等への出演・心理テスト監修も多数。『ドキッとするほどホンネがわかる心理テスト』（池田書店）、『面白すぎて時間を忘れる心理テスト』『楽しすぎて止まらない心理テスト』（三笠書房）など、心理テストに関する著書は累計 120 万部を突破。また、エニアグラムをベースにした性格診断・自己分析ツールは、商品キャンペーン、イベント、人材マッチングその他、Web 集客等にも有効なツールとして、一般企業、放送局、イベント会社等幅広いジャンルに応用できるため、大手企業等からのコンテンツ制作の依頼も多い。

プライベートではシングルマザーとして一人娘を育てる。20 代後半からジム通いを続け、40 代で易占を学び、占いスクールで周易入門の講座を持つ。50 代からヨーガを始め、全米ヨガアライアンス 200 を取得。コロナ後は渋谷から出身地の徳島県阿南市に居を移し、リモートワークとオンライン講座を中心に活動している。現在は、地元のフィットネスクラブで、趣味の筋力トレーニングなどを行いながら、ロードバイクに乗り、マインドフルネス・コンパッション・ヨーガを実践。

編集協力　角田由紀子
組　版　本庄由香里
イラスト　足立　恭子
装　幀　クリエイティブ・コンセプト（江森　恵子）
校　正　五十嵐きよみ

エニアグラム　― 性格と本質 ―

2023年11月20日　第1刷発行

著　者　中嶋真澄
発行人　上村雅代
発行所　株式会社英智舎
〒160-0022
東京都新宿区新宿2丁目12番13号2階
電話 03 (6303) 1641　FAX 03 (6303) 1643
ホームページ https://eichisha.co.jp
発売元　星雲社（共同出版社・流通責任出版社）
印刷・製本　株式会社シナノパブリッシングプレス

在庫、落丁・乱丁については下記までご連絡ください。
03 (6303) 1641（英智舎代表）

ISBN　978-4-434-32898-5　130 × 188